명상유도음성을 듣는 방법

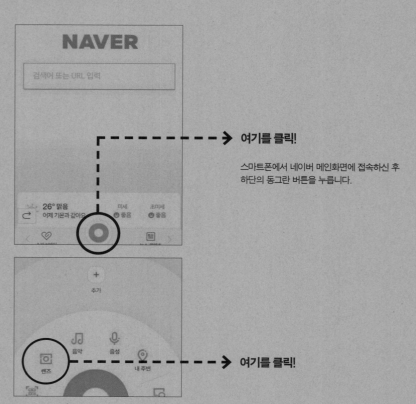

여기를 클릭!

스마트폰에서 네이버 메인화면에 접속하신 후
하단의 동그란 버튼을 누릅니다.

여기를 클릭!

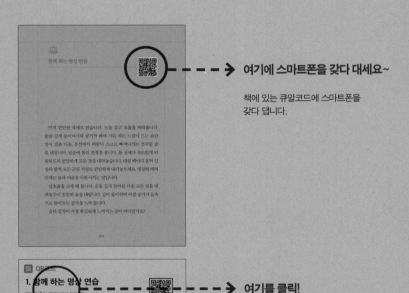

여기에 스마트폰을 갖다 대세요~

책에 있는 큐알코드에 스마트폰을
갖다 댑니다.

여기를 클릭!

상단에 하얀 미니창이 뜰 것입니다.
미니창 안을 누르면 새 창으로 이동됩니다.
거기서 〈play 버튼〉 을 누르세요.
음성이 나오기 시작합니다.

내　마음을　안아주는　명상　연습

내 마음을 안아주는 명상 연습

최훈동 지음

담앤북스

당신을 한정 짓지 마세요.
당신을 껍질 안에 가두지 마세요.

그것은 에고의 외침일 뿐
진정한 당신이 아닙니다.

두터운 얼음을 깨고 피어나는 매화처럼
에고의 껍질에서 깨어 나오지 않으시렵니까.

살아오면서 크게 영향 받은 두 가지가 있습니다. 하나는 서양의 정신치료이고 하나는 동양의 명상입니다. 진리를 추구하면서 종교의 문을 두드린 이는 많으나 진리를 얻는 대신 교조(스승)의 그림자만 숭배하는 외향적 신앙에서 그치는 경우가 대부분임을 보아 왔습니다. 정신치료를 전공하면서 종교의 겉껍질―성지, 성소, 성물에 대한 예경―보다 진리의 가르침을 잘 이해하고 마음을 성찰하여 정화시키는 것이 보다 값지다는 것을 배웠습니다.

어두움에서 밝음으로 전환되는 것이 모든 구원의 본질이고 영성 그 자체입니다. 그것은 절망에서 희망으로, 무지에서 깨달음으로, 갈등에서 평온으로, 고통에서 행복으로 전환됨을 의미합니다. 이 대전환은 자기성찰에 의해 가능합니다. 이 마음이 성소요, 성지임을 자각합니다. 구원은 밖에서 주어지는 것이 아니라 스스로 얻어야 하는 것입니다. 몸의 부활이 아니라 정신의 거듭 태어남과 영적 정화가 진정한 구원의 길임을 명상을 통해 배웠고 그 원리는 정신치료와 같음을 필자는 체험하고 있습니다. 어떤 종교를 믿건 상관없습니다. 마음공부인 명상이나 심리 치료는 종교를 초월하기 때문입니다. 모든 이들을 사랑하고 이해하지 못하는 게 중요한 문제가 될 뿐 종교의 도그마나 우월성 시비는 하찮은 일일 뿐입니다. 명상은 개념으로 분별 지각하는 태도를 부수고 고정관념의 틀을 깨기 때문입니다.

명상은 특별한 사람들만 할 수 있는 신비한 것이 아닙니다. 누구나 쉽게 할 수 있고 누구나 이미 명상을 조금씩은 하고 있습니다. 가끔은 자신을 돌아보고 한 군데 몰입하기 때문입니다. 명상은 자신을 돌아보는 방법을 구체적으로 안내하는 길입니다. 그것은 자기성찰에서 통찰로 이어지는 여정이며 내면의 탐구 여행입니다. 외부 세계가 아닌 내면의 정신세계야말로 우리가 직접적으로 체험하고 부딪칠 수 있는 대상입니다. 마음의 밭을 갈고닦는 노력이야말로 가장 가치 있는 일입니다. 내면의 혁명이 완성된 경우에만 마음의 고통으로부터 벗어나고, 내가 변해야 세상이 바뀝니다.

이 책은 고통을 해결하는 길로서의 명상을 쉽게 이해하고 삶 속에서 적용할 수 있도록 안내합니다. 1부에서는 마음과 에고의 작동 방식을 명상과 정신치료를 통해 살펴보고, 명상의 요결을 안내합니다. 2부에서는 살면서 직면하는 고통에 대하여 명상적 성찰을 하여 마음의 작용을 보다 깊이 이해하고, 3부에서는 명상을 통해 마음의 상처가 어떻게 치유되는지 살펴보며, 4부에서는 마침내 에고(가짜 나)의 껍질을 깨고 진정한 나로 사는 삶을 다루었습니다.

이 책은 우리 안에 내재되어 있는 자비와 지혜의 품성을 깨우는 길을 안내합니다. 머리로 분별하는 마음을 쉬고 가슴으로 읽어야 하는 책입니다. 머리로 분별함은 기존의 지식이나 신념으로 읽는 것으로, 비교 · 판단하는 마음입니다. 가슴으로 읽는다 함은 직접 느끼고 이해하는 것으로 선입견을 배제하고 읽는 것입니다.

여러분이 어떤 종교를 갖고 있건, 무신론자이건 상관없이 진리를 추구하는 이라면 누구든 환영합니다. 이 책은 명상 입문자부터 명상 지도자에 이르기까지 보다 깊은 체험을 제공할 것입니다.

삶을 떠난 성스러움이 아니라 삶을 멋지게 즐길 수 있는 참된 소식을 위해, 부마다 반드시 숙고하고 사유하는 시간을 갖도록 했습니다. 〈돌아보기〉 코너에서는 여러분 자신에게 질문을 던지게끔 짜여 있습니다. 이때 잠시 책 읽기를 멈추고 자신의 호흡을 바라본 후 눈을 감고 사색하는 시간을 누리십시오. '숙고 명상'이 몸에 스르르 배어들 것입니다.

서구에서 역수입된 명상 책이 범람하는 가운데, 명상을 새로이 추가하는 목적이라면 오히려 독이 될 수 있는 책입니다. 여러분 자신의 것으로 만들기 위해서는 자신의 삶을 깊이 돌아보며 적용하는 과정 – 숙고 명상이 책을 읽는 일보다 더 긴요합니다.

그러기 위해서 숙고 후 명상 일기를 써 볼 것을 권합니다. 숙고 명상을 통해 경험한 내용과 깨달은 것들을 적어 가노라면 자신만의 훌륭한 명상록을 완성할 수 있을 것입니다.

이 책을 읽어 가면서 명상의 힘이 깊어지면 시나브로 변화된 자신을 만나게 될 것입니다. 삶은 문제와 도전의 연속이지만 명상적으로 살면 문제를 즐기게 됩니다. 자기 자신에 대한 깊은 성찰은 매사에 에고를 내세우는 관성에서 벗어나게 하고 진정한 자신이 드러나게 할 것입니다. 더 이상 에고에 부림 받지 않는 참나로 살아가니 삶이 빛나게 됩니다.

마지막으로 삶과 다투지 않고 삶을 온전히 즐기는 법을 터득하게 해 준 소중한 인연들에 감사드립니다. 또한 이 책을 읽는 모든 분들이 무한한 지혜와 무한한 연민으로 마음의 고통을 여의고 세상의 어둠을 밝히는 데 기여하길 간곡히 기원합니다.

2019년 초여름에
운강 최훈동

차례

2부　고통을 다루려면 성찰부터 하라

1부 마음에도 작동 방식이 있다

어떤 교리나 신조에 붙잡혀 있는 사람은 그것만이 최고라고
주장하면서 다른 견해는 열등하다고 헐뜯는다. (…) 현자는
이것이 아니면 안 된다는 극단적인 견해가 없다. (…) 그에게
는 그 어떤 교리나 신조가 주는 위안이 더 이상 필요가 없으
며 그 어떤 교리나 신조에도 사로잡히지 않는다.

—《숫타니파타》

1
마음이 마음대로 되지 않는 이유

마음을 잘 들여다보면 마음이 어떻게 작동하고 있는지 알 수 있습니다. 그러나 우리가 알 수 있는 부분은 빙산의 일각에 불과합니다. 마음의 대부분은 물에 잠겨 보기 어렵습니다. 이것을 무의식적인 마음이라 합니다. 이 무의식에는 아주 어린 시절부터 겪은 경험과 그 경험으로 형성된 신념들이 있습니다. 마음을 의식적으로 마음대로 할 수 없는 이유는 자각되지 않은 무의식의 마음 때문입니다.

우리는 오감으로 대상을 접촉하여 경험합니다. 눈으로 사물의 형상을 보고 귀로 소리를 듣습니다. 냄새를 맡고 맛을 보고 촉감을 느낄 때 좋은 느낌과 싫은 느낌이 일어납니다. 좋은 느낌과 싫은 느낌에서 애착과 혐오의 반응이 일어납니다. 여섯 번째 감각인

정신도 좋은 것은 끌어당겨 소유하려 들고, 싫은 것은 밀어내고 배척합니다. 이 좋아함과 싫어함이 고통을 만듭니다.

우리는 싫은 것은 고통임을 잘 알지만 좋은 것 역시 고통임은 잘 모릅니다. 좋은 느낌을 주는 대상—모양(형상), 소리, 냄새, 맛, 촉감, 사실(사건)—에 대해서는 좋아하고 열망하고 소유하려 들고 집착합니다. 그러나 이를 영원히 가질 수 없고 내 것으로 삼을 수도 없습니다. 그래서 좋은 것 역시 괴로움입니다.

좋아하고 싫어하는 애증의 변주곡은 우리네 삶입니다. 애착과 혐오의 반응으로 인해 모든 내적 갈등과 사회적 편가름이 일어납니다.

초대하지 않아도 찾아오는 손님, '생각'

마음은 본래 잠시도 쉬지 않고 분주히 활동하는 속성이 있습니다. 지루함을 견디지 못하고 뭔가를 모색하려 합니다. 왜 생각을 멈출 수 없는 걸까요? 생각은 내 것이 아니기 때문이지요. 나의 생각이 아니라고 알면 그 생각에 사로잡히지 않고 바라볼 수 있지요. 이 마음의 속성을 수용하고 좀 더 안으로 성찰해 들어가 볼까요?

육감六感(눈·귀·코·혀·몸·정신)이 지각하고 인식하는 과정이 마음의 작용입니다. 눈을 통해 사물을 보고 인식하고 귀를 통해 소리를 듣고 인식하고 정신으로 사실을 판단·추론하여 통합적 인식에 이릅니다. 우리는 이러한 마음의 과정을 통제하고 주재하는 자가 있다고 믿게 되는데 이것을 에고(정신적 자아)라 합니다. 정신분석에서 에고는 의식과 무의식의 주인 – 통어자로 군림합니다. 그래서 볼 때는 '보는 나' 들을 때는 '듣는 나' 생각할 때는 '생각하는 나'를 상정하지만, 사실 듣고 보고 생각할 뿐입니다. 거기에 '나'를 개입하는 것은 에고의 작용입니다. 마음은 몸처럼 스스로의 작동 원리에 따라 기능을 합니다. 대부분의 생각은 저절로 생겨났다 저절로 사라집니다. 감정도 생각에 연이어 일어납니다. 마음이 그러함을 바라보면 마음은 마음일 뿐, 더는 내가 아닙니다. 생각이 어디서 오는지 명상 중에 바라보면 생각의 배후에는 아무도 없음을 보게 됩니다. 생각은 초대하지 않았는데도 찾아오는 손님과 같습니다.

우리가 생각의 과정을 바라보면 생각들은 오래 지속되지 않습니다. 우리가 어떤 생각을 예의 주시하는 순간 그 생각은 사라집니다. 생각에 자아가 있다면 사라질 리가 없습니다. 그러나 우리는 '생각하는 나' '보는 나'가 있다고 생각합니다. "나는 생각한다. 고로 존재한다."라는 말처럼, 생각을 자기 자신과 동일시하려는 뿌리 깊은 성향에 대해 통찰하기란 쉽지 않습니다.

그러나 우리에게는 자각할 수 있는 내면의 지혜(드러나지 않은 본성, 참나)가 있습니다. 자각의 능력은 무의식적인 성향들을 바라보고 깨달을 수 있는 지혜입니다. 내면의 지혜와 자주 대화하고 사유를 전개하면 어떤 어려움도 뚫고 나갈 힘을 얻게 됩니다. 이때 경험하는 환희를 명상이 주는 지복감이라 합니다. 텐진 완걀 린포체는 말합니다.

진정한 스승은 모습을 지닌 존재가 아니다. 모든 사물의 근원에 존재하는 본래의 깨어 있음이다. 우리의 진정한 본성인 깨어 있음, 모든 스승의 마음이자 우리 내면의 궁극적인 마음.

마음을 잘 다루고 이해할 수 있는 길이 있습니다. 바로 명상입니다. 명상은 그 길을 안내합니다.

2
명상과 정신치료의 공통점 — 있는 그대로 봄

명상은 고대 동양에서부터 내려오는 마음 치료법이고, 정신분석을 필두로 하는 정신치료는 서양의 마음 치료법입니다.

명상은 자신의 내면에서 일어나는 변화를 객관적으로 관찰만 하고 의미를 부여하거나 해석하거나 판단하지 않고 단지 그대로 지켜보는 것이 요체입니다. 처음에는 집중이 어려우므로 자신의 호흡을 주시하며 배가 오르락내리락하는 것을 예민하게 느끼도록 훈련합니다. 몸을 움직이면 움직임 하나하나에 집중하고 생각이 떠오르면 떠오르는 것을 분명하게 알아차립니다. 어떻게 생각이 떠오르고 어떻게 사라지는지를 관찰하고, 어떻게 감각이 일어나고 사라지는지를 관찰하는 것입니다. 이렇게 명상을 하면 마음이 가라앉으면서 집착으로부터 자유로워지고 불안과 근심, 감관적感官的인 욕구 등으로부터 해방되어 마음의 평정을 얻게 됩니다.

한편, 정신치료(심리 치료)는 무의식적인 것을 의식하도록 돕는 과정입니다. 무의식적이라 함은 충동, 감정, 욕망 등을 자각하지 못하고 있는 상태입니다. 우리는 자각하고 있지 못하는 욕망 등에 지속적으로 영향을 받음으로써 정신적으로 건강하지 못한 상태가 되는데 정신치료는 그러한 요소들을 자신 안에서 통찰하여 자각하고 그 영향으로부터 자유로워지는 훈련이라고 할 수 있습니다. 정신치료 시 환자는 떠오르는 모든 상념이나 감정을 숨기거나 꾸미지 않고 솔직하게 표현할 수 있어야 하고, 꿈도 있는 그대로 기억하고 볼 수 있어야 합니다.

자기 자신을 관찰의 대상으로 삼는다

우리는 사물을 인식할 때 내면적인 것마저 외부로 투사하여 인식하는 경향이 있습니다. 외적 세계는 물론 내면세계까지 밖에 존재하는 것처럼 인식하는 이러한 외재화 경향(투사)은 흔히 변명과 책임 전가, 자기 합리화 등으로 모습을 나타냅니다. 그러나 무의식적으로 투사되는 경우에는 투사되었다는 사실조차 알기 어렵습니다. 정신병리적으로 환청과 환상이 그 대표적인 예인데, 환자들은 이를 현실로 굳게 믿어 자신이 아프다는 사실을 인정하지 않습니다. 이를 종교계에서 귀신의 현상으로 믿어 왔던 것은 동서 고금에 차이가 없습니다.

꿈도 액면 그대로 믿거나 자신이 잠든 사이에 귀신이나 혼령들이 의식으로 침입하여 꿈을 만든 것으로 믿는다면, 이는 지극히 외향적 태도입니다. 정신치료에서는 드러난 꿈의 이면에 어떤 메시지가 있다고 봅니다. 그 의미를 알아 가는 작업이 꿈의 해석이고 정신치료입니다. 꿈은 자신이 연출가요, 작가이며 배우입니다. 나의 의지와 무관하게 내면의 갈등들이 여러 상징화 과정을 거쳐 꿈이라는 작품으로 출현한다는 통찰이 확실해진 지는 100여 년에 불과합니다.

각 종교 경전에 나타나는 상징과 은유를 외향적으로 해석하면 신비와 기적으로 신봉됩니다. 미신과 이단 종교의 서식지이고 우상화의 원천이기도 합니다. 정신치료에서 투사라는 방어 기제는 자신을 보호하기 위해 무의식적으로 작용하므로 심리 분석을 받기 전에는 알아차리기 어렵습니다.

명상은 자신을 잘 보는 자기 분석 방법입니다. 물론 있는 그대로 본다는 것은 간단하지 않습니다. 우리는 대상을 볼 때 신념에 싸여 봅니다. 자기가 보고 싶은 대로 보고, 듣고 싶은 것만 들으려는 경향이 있습니다. 즉, 대상을 대할 때 있는 그대로 사실을 파악하는 게 아니라 자신의 내면세계를 투사하여 보고 듣습니다. 이 투사를 통찰하고 벗겨 내는 작업에 정신치료와 명상이 있습니다. 정신치료는 수개월에서 수년에 걸쳐 이루어집니다. 명상 역시 마음을 잘 볼 수 있는 방법(길)을 제시하고 있어 명상하는 사람은 이 길을 거쳐야 합니다.

인간은 살아오면서 겪은 경험이나 정서적 상처 등에 의해 현실을 있는 그대로 보지 못하고 왜곡하여 인지하고 있습니다. 명상이나 정신치료는 왜곡된 현실을 본래 그대로 볼 수 있게 되돌려 놓고 마음을 자유롭고 평안하게 만드는 작업입니다. 다만 정신치료는 병적인 상태를 건강한 상태로 회복시키고 나아가 더욱 성숙한 인격으로 고양시키는 데 목적이 있고, 명상은 '조그만 나'를 넘어 '진정한 나'로서 온전한 자기실현을 목표로 삼고 있다는 점에서 다릅니다. 우리는 모두 소중하고 존귀한 존재임을 깨닫는 게 명상입니다.

사례   저는 대학에 진학하지 못했습니다. 그게 평생의 한이었죠. 완고한 아버지는 여자는 공부를 많이 해서도 안 되고 너무 유식해도 안 된다고 믿었습니다. 대신 저는 유능한 남편과 결혼하였습니다. 남편은 고위직으로 승진을 거듭했지만 이상하게도 그럴수록 제가 무시당한다는 생각을 지울 수가 없었습니다. 이렇게 열등감에 사로잡히자 매사에 남편이 불만스러웠고 남편의 의견을 따르기 싫어졌습니다. 급기야 남편이 제게 손찌검을 하게 되었습니다. 그즈음 아들까지 술을 마시고 제 말을 듣지 않았습니다. 저는 자살 시도에까지 이르렀습니다. 상담 치료자에게 울먹이며 털어놓았습니다. 살면서 마음의 상처만 깊어지고 행복을 느껴 본 적이 없다고.

상담 치료를 통해 저는 문제가 남편에게서 비롯된 것이 아니라, 훨씬 더 어린 시절에 부모와의 관계에서 출발했음을 통찰했습니다. 남편도 제 마음을 이해하지 못하고 일방적으로 몰아붙인 점을 사과하면서, 저는 깊은 우울증과 화병의 터널에서 빠져나올 수 있었습니다. 아들과의 관계도 편해졌어요. 요즘은 서로가 서로를 몰아세우지 않아 집안이 밝아지고 웃음꽃이 절로 피어나고 있습니다.

이 사례는 고통을 알아차리고 외부를 탓하지 않으며 문제의 맥락, 즉 발생 과정을 숙고하여 깨달으면 치료가 가능함을 잘 보여줍니다. 이처럼 깨닫는 능력은 모두에게 있습니다. 그것은 지켜보고 숙고하여 자각하는 힘에서 옵니다. 이것이 바로 '명상 중의 사유적 성찰'을 일컫는 "숙고 명상"입니다.

3
생각과 감정을 귀한 손님으로 맞이하라

명상을 통해 자신의 생각을 바라보기 시작하면 생각은 생각일 뿐임을 알게 되고, 생각함은 있지만 생각하는 자아는 없음을 알게 됩니다.

마음에서 일어나는 것들을 그저 그대로 놔두고 호흡을 바라보세요. 마음이라는 하늘에 일어나는 여러 가지 구름―생각, 감정―에 반응하지 않고, 판단하지 않고, 집착도 하지 않고, 동일시하지도 않은 채 모두 그저 일어났다 지나가게 놔둡니다. 온갖 구름이 일어났다 사라져 가는 것을 영화를 감상하듯이 지켜봅니다. 이러한 태도는 평정과 고요의 상태를 가져다주고, 푸른 하늘(참나, 우리의 진정한 본래 모습)이라는 배경의식과 자신이 하나가 되게 합니다.

생각을 관찰의 대상으로 삼는 일은 중요합니다. 생각이 일어날 때 그 내용에 얽혀들지 않고서 '생각을 하고 있음'이라고 자각합니다. 줄줄이 이어지는 망상에 빠졌다가, 다만 이 순간 '망상' 또는 '생각'이 일어나고 있음을 알아채는 것입니다.

한 생각이 일어날 때마다 매번 '생각' '생각' 하고 이름을 붙이는 것도 도움이 됩니다. 생각을 판단하거나 분석하지 말고, 그 내용에 대해 반응하지 않고, 그저 생각하고 있음을 알아차립니다.

물론, 생각을 바라보려고 주시하면 생각은 좀체 나타나지 않기도 합니다. 실험해 볼까요? 어떤 생각도 좋으니 5분 동안 호랑이만은 생각하지 마세요. 어떤 결과가 나타났나요?

이처럼 마음은 무엇을 하지 않으려 들면 반대로 끌어당기는 청개구리 성향이 있습니다. 이렇게 마음이 하는 작용을 자각하고, 바라봅니다.

그렇다면 생각도 감정도 없애는 편이 좋을까요? 더 나아가 분노나 질투 같은 부정적인 감정도 없앨 수 있을까요? 많이 받는 질문입니다.

이는 "뼈 없는 고기나 파도 없는 바다가 가능한가요?"라는 질문과도 같습니다. 파도 없는 바다란 없듯이, 마음은 생각과 감정을 기반으로 하기 때문입니다. 슬픔과 분노가 없는 마음 역시 마찬가지입니다. 생각도 감정도 없는 상태는 목석이겠지요. 한동안 잔잔하다가 높은 파도가 치기도 하듯, 우리는 잠시의 고요를 경험하고 격한 감정을 겪곤 합니다.

분노나 슬픔, 외로움이 엄습할 때 피하지 말고 그 감정들과 하나 되어 충분히 경험해 보세요. 그저 생각과 감정을 맞이하되 손님처럼 친절하게 대해 보세요. 어떤 생각이 일어나건, 자연스럽게 지켜보세요. 일어나서 사라지는 걸 인위적으로 없애려 애쓰지 않습니다. 애씀은 번뇌에 영양분을 공급하는 일입니다. 끌어당기지도, 밀쳐내려고 애쓰지도 마세요. 이러한 노력은 에고를 강화시킬 뿐입니다.

명상은 분노나 질투 같은 부정적 감정을 억누르거나 없애려는 노력이 아니라 있는 그대로 놔두고 바라보기입니다. 부정적인 생각은 부정적인 감정을 일으킵니다. 생각과 감정이 서로 연결되어 주거니 받거니 하고 있음을 보세요.

흘러가는 대로 놔두고 바라보세요. 보고 보노라면 분노나 질투와 연관된 떠오르는 사건들이 있습니다. 그 사건으로부터 받은 마음의 상처를 안아 주고 다시 깊이 경험하면서 그때 받은 상처 탓에 결론지은 신념들을 명료하게 바라볼 수 있게 됩니다.

판단을 멈추고 바라보면 어떤 일이 일어날까?

　현대인은 몸 가꾸기에는 열심인 데 반해 마음 가꾸기에는 소홀합니다. 우리는 외면적 가치에 쏠리고 내면적 가치에는 끌리지 않는 경향이 있습니다. 드러난 결과를 중시하고 눈에 띄지 않는 과정은 경시합니다. 슬픔, 비탄, 우울, 절망, 분노, 증오, 회한, 원망, 불안, 공포 등의 어둡고 병든 마음에서 사랑과 관용, 자비와 연민, 고요와 평정의 밝고 건강한 마음으로 전환이 가능합니다.

　마음도 가꾸지 않고 버려 두면 온갖 생각과 감정들로 뒤범벅이 되어 산란하고 거칠어집니다. 마음의 정원을 가꾸어야 하는 이유입니다. 논과 밭도 쟁기질하고 잡초를 뽑고 물과 거름을 잘 주어야 금전옥답이 되듯이, 마음 밭에도 경작이 필요합니다. 또한 마음은 창고와 같습니다. 그곳에는 부정적인 감정들이 불러일으킨 우리의 과거 행적이 씨앗처럼 차곡차곡 쌓입니다. 조건만 적절하게 맞으면 싹이 터서 잡초로 자라게 됩니다. 그래서 우리는 끊임없는 상념 속에 휩싸여, 대화하면서도 집중하지 못하고, 먹으면서도 먹지 못하고, 보고 있어도 보는 게 아닌 삶을 삽니다.

　명상은 앞서 언급한 대로, 우리의 좋고 싫음이라는 이원성을 극복하게 합니다. 좋다, 싫다 하는 판단을 멈추고 애착과 혐오의 반응을 멈추게 합니다. 이 연쇄 반응의 고리를 차단하는 것은 멈추고 바라봄으로써 가능합니다. 판단하고 분별하는 생각의 삶에서 바라보고 경험하는 삶, 곧 관조의 삶으로 나아가게 됩니다.

관조의 삶은 분별하지 않음입니다. 생각들의 결론은 신념으로 향합니다. 생각과 신념으로 삶을 대하면 삶을 생생하게 체험할 수 없습니다. 명상은 산에 대한 개념을 떠나 직접 산을 체험하게 합니다. 그제야 산은 산이 되고 물은 물이 됩니다.

명상은 현재에 깨어 있게 하여 삶을 제대로 살게 하고 마음 밭을 잘 가꾸는 길을 이야기합니다.

명상의 이유1

분별하지 않게 해 준다

명상은 또한 마음의 거울입니다. 마음의 상태를 살펴보는 거울. 거울은 이런저런 조건이 없습니다. 상대가 누구이든 무엇이든 선택하지 않습니다. 차별 없이 모든 걸 받아들이고 집착 없이 모든 걸 떠나보냅니다. 좋아함도 없고 싫어함도 없습니다. 소유도 없고 거절도 없습니다. 그런데 어느 순간 때가 끼면 있는 그대로 비추지 못합니다. 우리가 매일 몸을 씻고 거울을 들여다보고 보살피듯이 마음 또한 씻고 들여다보고 보살핌이 필요합니다.

관찰에는 두 종류가 있습니다. 우리가 흔히 하는 관찰은 밖으로 향합니다. 모든 학문적 관찰을 포함하여 판단 작용이 있는 관찰입니다. 오감으로 받아들인 세상을 분별하는 과정이 지각이라면, 지각에는 판단이 수반됩니다. 옳고 그름과 좋고 싫음이 가미되어 해석되고, 해석에 의해 신념이 도출되고 신념에 따라 우리는 경향을 갖습니다. 성향, 성격이 다양하게 달라지고 정체성이 확립됩니다. 민족성도, 종교적 문화의 차이도, 문명의 차이도 결정됩니다. 까치가 길조인 나라도 있고 흉조인 나라가 있는 것은 관점의 차이 때문입니다. 신념과 해석에 의해서 다양한 가치관이 성립됩니다.

반면, 명상은 안으로 향하는 관찰입니다. 분별하지 않는 관찰입니다. 그저 바라봄이요, 순수한 알아차림 - 자각입니다. 판단과 해석을 하기 전의 관찰이요, 자각입니다. 명상은 여섯 가지 경험의 문에서 그 순간의 경험에 집중합니다. 경험의 순간 좋은 느낌과 싫은 느낌이 일어남을 알아차립니다. 좋은 느낌과 싫은 느낌에서 애착과 혐오의 반응이 일어남을 알아차립니다. 애착에서 더욱 열망하고 소유하려 드는 반응을 알아차립니다. 혐오에서 배척하고 없애려는 행동을 하고 있음을 보고 압니다. 명상은 이러한 과정을 낱낱이 보고 압니다.

그래서 멈추고 바라보고 알아차리면 즉각적인 판단과 반사적인 반응을 중지시킬 수 있습니다. 설사 중지되지 않았다 하여도 멈추고 지연시킬 공간을 확보하게 돕습니다.

마음의 아픔을 치유한다

마음이 어떻게 아픈지, 왜 아프게 된 것인지, 무엇을 필요로 하는지, 닫힌 마음을 어떻게 열어야 하는지 함께 나누는 곳이 명상입니다. 명상을 하면 맨 처음 만나는 것은 마음속의 재잘거림들-내면의 이야기입니다. 이것들을 잘 들여다보면 실패에 따른 마음의 상처를 볼 수 있습니다. 자기비난, 자기 학대, 자기 경멸부터 타인 원망, 타인 비난, 증오와 복수극을 연출하고 있음을 봅니다. 그때 그 장면으로 돌아가서 자꾸 되새기며 자신과 타인을 원망하고 비난하면서 상처를 지속시키고 오히려 키우고 있습니다. 실패하지 않으려고 미래를 자꾸 계획하지만 실패를 예견하는 걱정과 불안에 휩싸입니다.

명상은 마음이 이러하고 있음을 바라보고 알아주고 공감해 주고 왜 그렇게 되었는지 더 깊숙이 들여다보면서 아픔을 어루만지고 치유해 가는 여정입니다. 판단하거나 평가하여 옳고 그름의 한편에 서는 게 아니라 판단하고 평가하여 자책하고 남을 원망하고

있음을 있는 그대로 바라보는 것입니다. 이 바라봄이 치유 작용을
일으킵니다.

마음의 고향으로 안내한다

우리는 마음이 향하는 곳은 어디인지, 마음이 궁극에 도달할 곳
은 어디인지 잊어버렸습니다. 마음은 본디 밝고 맑고 평화로운 고
향이었는데 고향을 떠나 외지를 헤매다 본래 고향이 어디인지 잊
고 만 것입니다. 명상은 여러분을 본래 고향으로 안내하는 길잡이
입니다. 우리 모두는 그 길에서 벗입니다.

명상은 내면의 여행입니다. 여행은 언제나 미지의 세계에 대한
설렘을 줍니다. 미지의 마음에 대한 여행도 환희롭습니다. 명상
은 본래 마음의 고향으로 향하는 여정입니다. 우리가 늘 대하는
표면 의식이 아니라 그 바탕에 놓인 의식(배경의식·근원의식·우
주의식·순수의식 등으로 표현되는) 우리의 본바탕으로 회귀하는 여
행입니다.

자기성찰을 돕는다

명상은 지금껏 외부 대상을 바라보고 관찰하는 데서 그 방향을 선회하여 자신을 비추어 보는 것입니다. 늘 깨어서 자신을 성찰하는 것이 명상입니다. 거울에 얼굴 비춰보듯이 자신의 내면을 비춰보는 방법을 정밀하게 알아야 합니다.

바라보고 자각한다면 무엇을 하든 명상이라 할 수 있습니다. 식사 중에 깨어 바라보면 식사 명상, 차를 마실 때도 조용히 바라보며 음미하면 차 명상, 설거지할 때도 바라보고 알아차리면 설거지 명상, 손이나 몸을 씻을 때도 바라보고 알아차리면 씻기 명상, 걸을 때 바라보고 알아차리면 걷기 명상입니다. 문을 열고 닫을 때조차 일상의 모든 순간, 멈추고 바라보면 명상이 됩니다.

탁한 마음을 맑힌다

일상의 마음은 '흙탕물이 든 물 항아리'와 같습니다. 흙탕물을 가라앉히려면 가만히 놔두고 지켜보면 됩니다. 흙탕물이 빨리 가라앉으라고 항아리를 흔들어 대거나 때릴 필요가 없습니다.

연못을 보면 탁합니다. 그런데 연못에서 피어난 연꽃은 아주 맑지 않던가요? 탁함 속에서의 맑음, 탁함을 여의지 않은 맑음이 진정 소중한 맑음입니다. 오염의 유혹 속에서 흔들리지 않는 평정심의 상징입니다.

우리의 마음도 혼탁해서 잘 보이지 않습니다. 내 마음이니 잘 알 것 같은데 그렇지 못합니다. 마음을 탁하게 하는 것들은 무엇이고 어떤 연유로 흐릴까요? 탁한 마음을 맑게 하려면 어떻게 해야 할까요? 이에 대한 대답이 명상입니다.

하늘을 보면 구름들이 맑은 하늘을 가리고 있습니다. 갖가지 구름이 시시때때로 일어나 하늘을 덮습니다. 멋진 구름도 많고 갖가지 모양으로 현란합니다. 이 갖가지 생각, 감정이 구름에 해당합니다. 이 생각과 감정이 내 의지로 만든 소산이라 생각하겠지만 과연 그런가요?

내가 만든 생각이요, 감정이라면 내 의지와 마음대로 없애고 조절할 수 있어야 하는데 왜 그렇지 못할까요? 조절할 수 없다면 내 생각, 내 감정이라 할 수 없습니다. 우리는 생각을 하지 않으려 할수록 생각이 더 치열해짐을 경험합니다. 그러니 생각하지 말라고 자신에게 명령해 보아야 헛수고입니다. 화를 예로 들면 누구나 화를 내니, 화는 내 것이 아닌 인류의 공유물이라 해야 옳을 것입니다.

제멋대로 일어나는 이 생각과 감정들을 주의 깊게 바라보고 알아차리는 것이 구름을 제거하는 방법입니다. 없애는 게 아닌, 주의를 집중하여 바라봄 그리고 알아차림. 이것이 혼탁한 마음을 가라앉혀 맑게 만드는 길입니다.

마음이 맑아지면 고요해지고 기쁨과 행복이 올라옵니다. 밖에서 오는 게 아닌 내면의 고요와 행복감. 이것이 명상이 주는 선물입니다. 명상의 맛을 보면 굳이 다른 즐거움을 밖에서 구하거나 찾을 필요를 느끼지 않게 됩니다. 마치 지하수를 파서 물을 언제나 얻는 것과 하늘에서 비가 와야만 물을 얻을 수 있는 것은 하늘과 땅의 차이인 것처럼.

명상의 이유6

머리가 아닌 가슴으로 삶을 살게 한다

명상은 딱딱한 개념의 틀에서 벗어나 생동하는 경험의 세계로 우리를 안내합니다. 밖으로 문제 해결을 추구하려는 마음을 돌이켜서 내면을 바라보게 하는 의식의 탐구입니다. 생각과 개념의 틀로 바라보는 세상은 무미건조하지만, 생생하게 체험하면 세상은 환희롭고 경이롭습니다. 어린 시절 우리는 나날이 세상이 새롭고 신기하였습니다. 삶이 경이롭지 않고 매일 반복되는 드라마 같다고 느낀다면 명상을 권합니다. 명상은 호기심 가득한 어린이 마음을 우리에게 돌려줍니다.

우리의 마음은 과거로 회귀하거나 미래로 달려가려는 경향이 있습니다. 과거의 부정적 기억에 몰두하고 반복하여 되새기며 후회하고 한탄합니다. 또 과거의 실패를 되풀이하지 않기 위해 미래를 앞당겨 설계하며 불안해하고 걱정을 일삼습니다.

명상은 과거를 후회하는 생각과 앞날에 대한 걱정만 일삼는 마음의 경향을 잠재우고, 놓치고 있는 현재에 집중하게 하여 제대로 삶을 즐기게 해 줍니다. 매일 매 순간이 환희롭고 경이롭습니다.

4
명상의 첫걸음

몸과 마음 이완하기

먼저 마음을 가라앉혀야 합니다. 마음이 산란한 가운데서는 마음을 잘 볼 수 없습니다. 마음을 고요하게 가라앉혀야 마음을 잘 비춰볼 수 있습니다. 마음을 가라앉히기 위해서는 하던 일을 멈추고 우선 호흡에 집중합니다.

내쉬는 숨마다 온몸의 긴장을 이완합니다. 호흡에 주의가 머물러 호흡의 들고 남을 지켜보는 가운데 호흡도 부산한 마음도 가라앉고 몸도 이완됩니다. 몸과 마음을 편안하게 이완시키는 것이 명상의 첫걸음입니다. 이때에 일어나는 느낌(감각과 감정)과 생각들을 볼 수 있게 됩니다. 마음이 어느 정도 가라앉지 않으면 생각과 감정에 휩쓸려 바라보기 어렵습니다.

풍랑이 거친 바다에서는 중심을 잡기 어려워 키도 제대로 잡을 수 없습니다. 풍랑이 어느 정도 가라앉아야 방향도 잡을 수 있고 목적지로 항해할 수 있습니다. 거친 감정의 파도 속이나 커다란 근심, 걱정, 불안의 마음 상태에서는 마음 다스리기가 어렵습니다. 우선 풍랑을 멈추게 하고 가라앉히는 작업이 필요합니다.

이때 심호흡을 사용합니다. 허리를 펴고 앉아서 들이쉴 수 있는 한 최대한 깊게 들이마신 후, 숨을 멈추면서 온몸에 힘을 힘껏 줍니다. 손과 발을 꽉 쥐고 얼굴의 모든 근육도 긴장시키며 온몸에 힘을 주었다가 숨을 일시에 내쉬면서 온 근육의 긴장을 풀어 줍니다. 마치 풍선에 가득 찬 공기가 새어나가듯이 '하' 소리를 내며 온몸의 긴장을 풉니다. 이런 심호흡을 4~5회 해 봅니다. 앉아서 할 수도 있고 누워서 할 수도 있습니다. 의자나 소파에 앉아서 할 경우는 허리를 되도록 등에 대지 않고 바로 앉는 게 좋습니다. 물론 이완할 때는 의자나 소파에 편하게 앉는 게 더 나을 수도 있습니다. 다만 두 발은 바닥에 안정되게 디딥니다.

명상 중의 알아차림
오감 지켜보기

좋으면 좋은 대로, 싫으면 싫은 대로 느끼고 바라봅니다. 좋다고 끌어안지 않고 싫다고 밀어내지도 않습니다. 맛도 소리도 이미지도 모두 그대로 두고 바라봅니다. 어떤 것도 거부하지 않고 있는 그대로 바라봅니다. 멈추고 바라봄 – 고요히 비추어 봄(관조觀照, 《반야심경》에서는 조견照見이라 표현합니다) 그리고 알아차림. 이것이 명상의 요체입니다.

문지기는 현관문을 잘 지켜보며 드나드는 사람들 가운데 불청객이나 위험인물을 색출합니다. 오감을 지켜봄은 마음의 문지기입니다. 지켜보지 않으면 모든 게 섞여서 흘러들게 됩니다. 오감의 문에서 지켜보는 순간 마음이 바로 서며 마음속에서 일어나는 변화를 볼 수 있고 알아차릴 수 있게 됩니다. 명상은 마음을 어떻게 바꾸려는 게 아니라, 현재 마음이 어떤 상태인지 바라보고 알아차리는 것입니다.

앞으로 갈 때나 뒤돌아 설 때, 앞을 볼 때나 옆을 볼 때, 팔다리를 굽힐 때나 펼 때, 옷을 입을 때나 들고 갈 때, 음식을 먹고 마시고 씹고 맛볼 때, 대변이나 소변을 볼 때, 걷고 서고 앉을 때, 잠들 때나 잠에서 깰 때에도, 말할 때나 침묵할 때에도 분명하게 있는 그대로 알아차리고 늘 관찰하며 행동해야 한다.

숨을 길게 들이쉴 때는 '숨을 길게 들이쉰다.'라고 알아차리고, 숨을 길게 내쉴 때는 '숨을 길게 내쉰다.'라고 알아차린다. 숨을 짧게 들이쉴 때는 '숨을 짧게 들이쉰다.'라고 알아차리고, 숨을 짧게 내쉴 때는 '숨을 짧게 내쉰다.'라고 알아차린다.

—《대념처경》

이 구절에서 보듯 알아차리면 모든 일상이 명상입니다. 일상생활이 모두 명상이 될 수 있으므로 언제 어느 곳에서나 명상을 할 수 있습니다. 마음공부는 머리로 깨닫는 것만으로는 도움이 되지 않고 몸으로 느껴야 합니다.

마음공부도 심리 치료와 같아 스승에게 칭찬받고 사랑받고자 하면 실패합니다. 그렇게 하면 스승에게서 자유롭지 못하고 종속됩니다. 또 기대와 다르면 스승을 원망하게 됩니다. 이는 어린 시절 받지 못한 사랑과 칭찬을 보충하려는 욕구에서 비롯됩니다.

마음이 작동하는 것을 잘 살피지 못하면 마음의 미세한 흐름과 그 의미를 자각하지 못합니다. 이슬만 마시고 공기만으로 사는 신선도는 마음공부와 무관합니다. 앉아 죽고 서서 죽는 게 마음공부가 아닙니다. 피곤하면 눕고 잠자며 목이 마르면 물을 마시고 오줌이 마려우면 배설하되 분명히 알아차리는 것이 마음공부지요.

자신에게 실망하지 않을 것

무언가에 머무르는 순간마다 우리는 그것에 사로잡히게 되고 생각, 심상, 개념 등에 휩쓸려 빠져 들게 됩니다. 그 어떤 것이 마음속에서 일어나더라도 허용하는 마음을 유지하는 게 중요합니다. 저항하면 무의식(잠재의식)은 반발하는 경향이 있기 때문입니다. 저항하지 않음은 판단하거나 반응하지 않고 받아들임입니다. 그리하면 아무것도 훼방을 놓을 수 없게 됩니다. 바라봄과 순수한 자각의 상태에선 몸과 마음의 모든 과정들이 그저 스쳐 지나갑니다.

그 어떤 대상에 대하여도, 움켜잡거나 멀리하려 애쓰지 말고 그저 흘러가게 놓아두세요. 그리하면 고요 속에서 소리, 냄새 및 여러 모습들, 호흡과 감각 그리고 생각과 감정이 일어났다 사라져 가는 것을 생생히 볼 수 있게 됩니다.

길들이지 않은 마음처럼 크나큰 불이익으로 이끄는 원리를 보지 못했다.

길들이지 않은 마음은 크나큰 불이익으로 이끈다.

─《앙굿따라 니까야》

여기 더럽혀지고 때가 묻은 옷감이 있는데 염색공이 그것을 파랑, 노랑, 빨강 또는 분홍이나 어떤 다른 염료로 물들이면, 잘 물들지 않고 선명하게 물들지 않을 것이다. 무슨 까닭인가? 그것은 옷감이 깨끗하지 않기 때문이다.

—《맛지마 니까야》

옷감이 깨끗해야 아름다운 염색이 가능합니다. 옷감을 먼저 깨끗하게 하는 작업이 바른 삶(생각·언어·행동)입니다. 명상을 왜 하려 하는지, 무엇을 얻으려 명상을 배우는지 자신의 의도를 잘 보아야 합니다. 자칫 명성과 욕심에 치우치면 명상의 부작용을 겪게 됩니다. 그래서 바른 삶은 명상의 기본 전제입니다. 위의 말에서 붓다는 몸과 마음을 바르게 하고 명상에 임해야 함을 옷감에 비유하여 설명하였습니다.

명상을 통해 기존의 선입견을 내려놓고 있는 그대로 바라봄을 체계적으로 연습하면 일주일 또는 한 달 안에 외부로 책임을 투사하는 행위를 중지하고 내면의 진실을 바라보는 데에 익숙해집니다. 여기에 숙고 명상을 안내받으면 통찰에 이르고 삶이 바뀌는 경험들을 합니다.

명상을 통해 우리는 신념을 해체할 수 있습니다. 궁극적으로는 신념 가운데 가장 큰 신념인 자아의 해체가 일어납니다. 자아가 사라진 세계는 참나의 세계요, 진정한 삶의 세계입니다.

집중이 흩어지고 흩어져도 조금도 실망하지 마십시오. 다시 집중하는 노력이 지속되면 마침내 순일한 마음 상태(삼매)를 얻게 됩니다. 자전거를 배울 때도, 팽이를 돌리거나 기타를 배울 때, 피아노를 배울 때 역시 그렇듯이 누구나 삼매가 가능한데 지속하지 않고 중도에 포기하면 얻을 수 없을 뿐입니다.

마음을 길들이고 맑히는 공부는 아무도 대신 해 줄 수 없습니다. 자전거를 배울 때도 처음엔 누군가가 잡아 주지만 결국 혼자 타야 하듯이 스스로의 바른 노력과 스승의 지도가 겸해져서 마음공부도 숙달됩니다. 명상은 마음을 닦고 길들이는 방법들을 상세히 안내합니다.

명상의 순서

바라보고 느끼고 알아차리기

명상은 생각을 제거하고 감정을 없애는 것이 아닙니다. 생각과 감정은 오히려 명상의 좋은 관찰 대상입니다. 받아들임은 움켜잡는 게 아니라 수용입니다. 의식에 떠오르는 모든 생각과 상념, 이미지를 거부하거나 없애려 하지 않고 마주하는 일입니다. 모든 것을 선악, 시비에 대해 판단하지 않은 채 의식의 스크린 위에 올려놓고 감상하는 것입니다. 명상은 생각과 감정 너머의 의식, 배경의 공간으로서 의식(배경의식)-근원 의식으로 안내하는 여정입니다. 마음을 이용하고 생각을 바라봄으로써 생각 너머와 마음 너머의 공간, 비유하면 구름 너머 하늘을 볼 수 있습니다. 명상은 그 길입니다.

내 마음을 바라보기가 쉽지 않다는 사람도 있습니다. 바라본다는 것을 개념으로 이해하려 하기 때문입니다. 워낙 '생각하기'로 세상을 사는 데 익숙해서 그렇습니다. 바라본다는 것은 생각하기가 아닌 느끼기입니다. 바라봄은 인식하기 이전의 경험입니다. 사실은 느끼기 이전의 경험입니다. 바라보고 느끼고 알아차리기. 이것이 명상의 순서입니다.

명상 후에 할 일

기록하기

전기를 켜면 방안이 환해지듯, 호흡을 알아차리는 순간 내 마음에 등이 켜집니다. 주의를 호흡으로 돌리는 순간 명상은 시작됩니다. 호흡을 관찰하고 몸의 감각을 관찰하고 마음을 관찰하고 사건을 관찰합니다.

편하게 앉아 호흡에 집중합니다. 편하게 허리를 펴고 앉습니다. 눈을 감고 심호흡을 몇 번 합니다. 내쉴 때마다 온몸의 긴장을 풉니다. 점점 더 편하게 앉습니다. 호흡에 집중합니다.

산란한 마음에 순식간에 호흡을 놓치면 숫자를 매겨 봅니다. 들이마시고 내쉬면서 하나, 내쉬면서 둘… 열까지 헤아리면 거꾸로 아홉, 여덟, 일곱, 여섯, 다섯, 넷, 셋, 둘, 하나… 다시 하나, 둘, 셋… 이렇게 반복해서 처음에는 무리하지 말고 한두 사이클을 마치면 앉는 자세를 풀고 쉬어 줍니다.

그러다가 점점 앉는 시간을 늘려 갑니다. 그러면 점점 호흡이 가벼워지고 미세해짐을 느낄 수 있습니다. 어느 정도 호흡에 잘 집중되면 숫자 세는 것을 중지할 수 있습니다.

이제 숨이 어떻게 쉬어지나 바라봅니다. 긴지 짧은지, 얕은지 깊은지, 거친지 고요한지, 빠른지 느린지 등을 살펴봅니다.

호흡 관찰을 방해하는 게 있군요. 다리 저림과 통증 그리고 잡념들이 쉴 새 없이 끼어드는군요. 그렇다면 잡념의 내용은 무엇인지 바라봅니다. 대개 현재 나를 압박하고 있는 것들일 수도 있고 과거의 실수에 대한 비난과 후회, 자신에게 잘못한 상대방에 대한 원망의 넋두리입니다. 아니면 다가올 미래에 대한 걱정과 실패에 대한 두려움이기도 하군요. 합리화나 변명이 많고, 비난과 탓하기를 하고 있음을 낱낱이 살펴보세요.

이제 눈을 뜨고 하나하나 기록해 봅니다. 기록은 혼란스러운 생각들을 정리하고 명료하게 하는, 꼭 필요한 과정입니다.

5
명상의 다양한 종류

명상에는 다양한 종류가 있습니다. 불교 명상을 위시하여 요가 명상, 선도 명상, 기공 명상, 수피즘, 기독교의 묵상과 관상 등이 있고, 불교 명상에도 남방불교의 위빠사나 명상, 북방불교의 선 그리고 티베트불교 명상 등이 있습니다.

형태적으로 분류하면 앉기 명상(좌선), 걷기 명상(행선) 누워서 하는 명상(와선)이 있습니다. 음악을 이용한 음악 명상, 차를 마시며 하는 차 명상, 춤을 추며 하는 동작 명상 등으로 나눌 수도 있습니다. 요가 명상에도 몸의 동작과 자세, 호흡 등을 중시하는 하타요가와 정신적 수련을 강조하는 라자요가가 있습니다. 몸의 에너지 센터를 여는 차크라 명상도 있고 만달라를 관상하는 얀트라요가도 있으며, 만트라(주문)를 외우거나 단어나 구절을 반복하는 만트라 명상, 명상 중에 기도하는 기도 명상도 있는가 하면, 행복을 빌어 주는 자비 명상과 상대방의 잘못을 용서하고 자기 자신을 수용하는 용서 명상도 있습니다.

이렇게 다양한 명상도 내용으로 보면 두 요소가 있으니 바로 집중과 관찰입니다(불교에서는 지관止觀이라 분류합니다. 지止는 집중이고 관觀은 관찰입니다. 집중samatha을 통해 선정[定]에 이르고 관찰vipassana을 통해 지혜[慧]에 이릅니다). 둘은 마치 새의 양 날개와 같습니다. 집중은 마음을 하나로 통일시키는 작용이고 관찰은 명상 대상을 바라보며 알아차리는 작용입니다. 집중을 통해 마음이 고요해지고, 관찰을 통해 마음은 명료해집니다. 집중으로 고요해지면 마음 바탕의 기쁨과 행복, 연민, 평정심이 드러납니다. 관찰을 통해 명료한 자각이 일어나고 관찰의 힘이 커지면 사물의 본성을 꿰뚫어 보는 지혜가 증장됩니다. 나아가 사실의 맥락, 전개 과정을 낱낱이 통찰하는 숙고 명상에 이르러 고통의 뿌리를 제거하여 궁극의 평화, 진정한 행복으로 인도됩니다. 적절한 집중으로 고요히 관찰함이 중요합니다.

그리하여 일상의 삶을 떠나지 않고서도 명상이 가능합니다. 반드시 산속이나 명상 센터로 가서 고행을 할 필요가 없는 것이지요. 삶의 모든 과정을 바라보고 알아차리면 그 자체가 바로 훌륭한 명상이기 때문입니다.

외향적 명상과 내향적 명상

필자는 처음 명상을 배울 때에는 장시간 꼼짝 않고 앉아 있는 게 명상인 줄 알았습니다. 하지만 잠들지 않고 눕지 않고 움직이지 않고 앉아 있기(장좌불와長坐不臥)가 명상이라는 신념은, 남악 회양 선사의 가르침을 접하고 깨졌습니다.

회양 선사는 열심히 좌선 정진하고 있는 제자 마조를 기특하게 여겼습니다. 어느 날 스승 회양 선사는 제자 앞에서 기왓장을 숫돌에 득득 갑니다. 그러자 마조는 여간 신경이 쓰이는 게 아니었습니다. 마조가 참다못해 물었습니다.

"스승님, 무엇을 하십니까?"

그러자 스승은 대뜸 되물었습니다.

"너는 무얼 하고 있느냐?"

"좌선 하고 있잖습니까?"

"앉아 있는 게 선이 아니다. 마차를 빨리 가게 하려면 바퀴를 때려야 하느냐, 말을 때려야 하느냐?"

움직이지 않고 오래 앉아 있는다고 해서 선이 아니라, 마음을 잘 보는 게 선이라는 스승의 깨우침 덕에 마조는 크게 깨달았습니다. 이처럼 마음을 잘 보는 방법이 명상입니다.

필자는 "명상을 하루에 몇 시간 합니까?"라는 질문을 많이 받습니다. 역시 고정관념에서 묻는 질문입니다. 앉아서 하는 앉기 명상(좌선)만을 명상으로 여기고 하는 질문입니다.

명상의 요결은 자세에 있지 않습니다. 명상은 '언제 어느 때'나 가능합니다. 생활이 곧 명상이 될 수 있습니다. 우리는 늘 부산하게 움직여 왔기에, 잠시 멈추고 고요히 눈을 감고 앉는 것만으로도 명상이 됩니다. 식사할 때 분량을 정하고 반찬을 골라 집어, 입에 넣고 씹고 삼키는 일련의 과정을 낱낱이 지켜보면 식사 명상이 됩니다.

몸의 감각을 바라보면 알게 되는 것들

호흡을 잘 볼 수 있으면 다음 단계로 바라볼 대상은 몸의 감각입니다. 몸의 각 부위를 차례차례 보기 시작합니다. 머리끝부터 이마, 코, 입언저리, 얼굴, 턱, 목, 어깨, 등, 배, 팔과 다리, 손가락, 발가락 순으로 위부터 아래로 차근차근 훑어 내리며 몸의 감각들을 살펴봅니다. 가려운 느낌, 뭉친 느낌, 쑤시는 통증, 결림, 묵직함 등. 어떤 감각도 그저 잠깐 머물러 느끼고 바라보고 지나갑니다. 그 감각이 불편해서 없애려 하지 않고 '아 이런 감각이 있구나.' 정도로 알아차리고 잠깐 머물고 지나갑니다. 오래 머물지 않고 1~2초 정도 바라보는 게 포인트입니다. 이 몸의 감각 훑기를 머리끝부터 발끝까지, 발끝부터 머리끝까지 합니다.

이렇게 호흡의 과정과 몸의 각 부위를 바라보면 호흡이나 몸의 각 부위가 이름으로 존재하는 게 아니라 과정의 흐름이고 느낌의 집합이라는 걸 깨닫게 됩니다. 하늘과 땅도 이름일 뿐. 나무도 장미꽃도 이름 지어 부른 데 불과하지 그 자체와는 거리가 멉니다. 있는 그대로 본다는 것은 이름 붙이기 이전, 판단·분별하기 이전의 순수 지각입니다.

느긋하고 고요한 마음으로
앉기 명상

먼저 편안히 앉습니다. 앉는 자세는 두 다리가 겹치거나 꾀지 않게 앉는 평좌(책상다리)가 좋습니다. 한쪽 다리를 다른 쪽 다리 허벅지위에 올려놓는 반가부좌도 좋습니다.

고요히 앉으면 유일하게 움직이는 게 호흡임을 알 수 있습니다. 처음에는 호흡이 코 입구를 스쳐서 들어오고 나가는 느낌을 관찰합니다. 나중엔 배가 불렀다 꺼짐을 관찰합니다.

이 감각들을 관찰함에 있어서 중요한 것은 느긋한 마음을 유지하는 것입니다. 특히 신체적으로 강한 고통이 느껴질 때는 더욱 그렇습니다. 우리의 마음과 육체는 고통이 오면 긴장되는 경향이 있습니다. 이는 혐오하고 싫어하고 회피한다는 뜻입니다. 이렇게 되면 마음의 평화가 깨지고 맙니다. 그 고통을 느긋한 마음으로 바라보고 관찰하면, 고통은 하나의 덩어리가 아니라 일어났다 사라져 가는 하나의 흐름임을 알아차리게 됩니다. 느긋하고 고요한 마음으로 앉아서, 싫어하지도 말고 또 기대하지도 말고, 감각들의 흐름을 관찰합니다.

통증도 관찰의 대상

통증은 관찰하기 좋은 대상입니다. 신체에 큰 통증이 있을 때는 집중력도 그만큼 강합니다. 마음이 거기에 쉽게 머물러서 오락가락하지 않기 때문입니다. 그러므로 신체에 감각이 현저할 때는 언제든지 그것을 관찰의 대상으로 삼습니다. 그러다가 어느 정도 가라앉으면 다시 호흡을 관찰합니다. 우리 몸에 있는 신체적 감각은 느낌이 현저한 분야입니다. 유쾌하거나 불유쾌한 감각을 우리는 분명하게 체험할 수 있습니다. 이들 감각에 주의를 기울이는 것은 느낌에 대한 관찰을 발전시키는 좋은 방법입니다. 즐겁고 기분 좋은 느낌을 집착 없이 체험하고, 통증이나 뭉침, 가려움도 싫어하거나 피하지 말고 있는 그대로 체험하는 것입니다. 모든 감각—더위, 추위, 가려움, 떨림, 경쾌함, 나른함—과 그와 관련된 느낌을 생겨나는 그대로, 붙잡거나 밀어내지 않고 또 판단하거나 해석하지 말고 단지 관찰합니다.

호흡에 5분, 감각에 5분 할애한 후 일어났다 사라지는 감정과 생각들을 5분 바라봅니다. 호흡명상의 주제(대상)는 들숨과 날숨입니다. 호흡을 바라보려 해도 초심자는 1분도 채 안 되어, 어떤 경우는 10초도 안 되어 잡념이 끼어들어 호흡 관찰이 중단됩니다. 이때 '난 안되겠어.'라고 자학하는 대신 '잡념이 많구나.'라고 알아차립니다. 자학하고 있음도 알아차리고 호흡으로 돌아갑니다. 들이쉬고 내쉬며 호흡을 있는 그대로 바라봅니다.

집중이 안 될 때 하는 명상법

집중이 안 된다 함은 마음이 산만하고 혼탁한 상태에 있음을 말합니다. 마치 볼록렌즈(확대경)에 대고 종이를 불태우려면 확대경을 움직이지 않고 고정하여 한 곳을 지속적으로 비추어야 하듯이, 명상도 그와 같습니다. 꾸준히 계속하면 집중과 관찰의 힘이 점점 커져 나가게 됩니다. 한두 번 명상으로 집중이 잘 되고 알아차림이 잘되길 바라는 건 욕심입니다. 그래서 이 욕심을 자각하여 욕심에 끌려가지 않도록 하는 게 노력입니다.

집중 연습을 위해 비탈길이나 계단을 오르면서 가쁜 숨을 바라봅니다. 가쁜 숨은 분명하여 보기 쉽습니다. 숨이 차면 잡념도 덜 일어납니다. 이것을 앉아서도 연습할 수 있습니다. 깊고 거칠게 그리고 빠르게 호흡해 봅니다. (이 과격한 호흡법은 신속하게 집중 상태로 이르게 돕지만 과호흡증후군이나 공황장애가 있는 경우에는 금기입니다.) 그러고 나서 4~5번 깊이 호흡하면서 내쉴 때마다 입으로 '하' 소리를 내며 몸의 긴장을 풀고, 특히 어깨와 목의 긴장을 내려놓습니다. 이제 자연 호흡으로 내려놓고 바라봅니다. 들숨, 날숨이 분명해졌으면 이 호흡을 놓치지 않고 지켜봅니다.

호흡 명상은 산란한 마음을 집중된 상태로 이끕니다. 늘 과거와 미래로 부산하게 튀는 마음을 현재로 되돌리는 작업이기도 합니다.

만트라 명상

집중력을 키우고 마음을 고요히 만드는 명상법 가운데 하나가 만트라 명상입니다. 특정한 언구를 반복해서 외우는 것으로, 집중 명상법 가운데 자주 이용되는 명상법입니다. 만트라 명상도 사실은 평소 우리가 해 왔던 것입니다. 무의식적으로 되뇌는 부정적 주문(독백)들이 그것입니다. 이 부정적 주문은 무의식에 입력되어 삶에 파괴적 영향을 미치고 있습니다. 부정적 주문을 긍정적 언구로 바꾸어 되뇌면 무의식의 프로그램을 바꿀 수 있고 삶이 긍정적으로 변하게 됩니다.

만트라mantra는 산스크리트어로는 '다라니dharani'라고 하며 진실된 소리란 뜻으로 '진언眞言' 또는 '주문'으로 번역됩니다. 불교나 힌두교의 만트라 또는 자신이 소중히 여기는 금구나 기도문 한 구절을 반복chanting할 수도 있습니다. 예를 들면 '나는 사랑이다.' '관세음보살' '옴마니반메훔' '은총이 가득하신 성모 마리아' '얼굴에 미소, 마음에 평화' 등입니다.

만트라 명상을 시작할 때는 조용하고 방해받지 않는 공간을 확보하는 게 좋습니다. 일정한 공간, 일정한 시간에 단정히 앉습니다. 일정한 시간에 만트라에만 집중하여 만트라와 하나가 될 때까지 꾸준히 하되 기간을 정하고 하는 게 좋습니다. 짧게는 7~49분, 길게는 일주일이나 한달 정도의 기간을 정하고 할 수 있습니다. 주의를 집중하여 일념으로 챈팅하면 숨과 몸과 마음이 만트라와 하나 되어 진동할 수도 있습니다. 어떤 영적 현상들—무의식 깊은 층에서 떠오르는 영상들—이 나타날 수 있는데 자신의 카르마가 정화되는 현상들이거나 신성의 여러 상징들입니다. 어느 것이 일어나도 환호하거나 두려워하지 않는 게 중요합니다. 명상은 몸과 마음에서 일어나는 모든 과정을 취사선택하지 않고 모두 수용하고 또한 지나가게 놔두는 것입니다. 애쓰지 않고 머무르지 않고 챈팅합니다. 애쓰면 휩쓸리고 머무르면 가라앉을 수 있습니다. 어떤 현상이 나타나면 스승의 지도를 받는 게 좋습니다.

명상의 시작과 끝

호흡 명상

호흡을 닻으로 삼으라는 말이 있습니다. 호흡을 닻-정박지로 삼으라는 말은 호흡을 명상의 기본으로 삼으라는 이야기입니다. 호흡은 마음을 실어 나른다는 뜻이 있고, 서양에서는 피조물에 생명을 불어넣는 영혼이라는 의미가 내포되어 있습니다. 호흡을 조절하면 마음이 평온해지는 것은 누구나 잠시 눈을 감고 심호흡을 해 보면 알 수 있습니다.

호흡 명상은 생각의 구름 사이로 보이는 하늘을 향해 가는 길입니다. 생각들이 계속 끼어들지만 호흡은 생각과 무관하게 쉬어지고 있음을 발견합니다. 호흡을 느끼고 바라보고 연이어 잡념과 망상은 끼어들고…. 이 과정을 실망하지 않고 받아들이세요. 나의 마음의 현 주소이기 때문입니다. 이 자연스러운 과정을 '명상이 안 된다.'라거나 '나는 못 해.'라고 단정짓지 마십시오. 어떤 사람은 호흡을 바라보기가 어려워 몇 초도 안 되어 호흡을 놓치고서는 '나는 명상과 어울리지 않아.'라고 결론을 짓지요. 사실 우리는 매사 이런 식으로 자포자기나 자책, 단정 등의 결론을 내리지요.

이렇게 판단하고 있음을 알아차리고, '괜찮아!' 하고 호흡으로 돌아갑니다. 호흡을 바라보다 생각 속으로 빠지고 그러다 퍼뜩 알아차리고 다시 호흡으로 돌아오는 과정을 처음엔 5분간 지속합니다. 단 5분을 첫 목표로 삼습니다. 처음부터 30분, 1시간을 목표로 삼지 말고, 5분간 호흡을 바라보고 멈춥니다. 그리고 경험한 것을 적어 보세요.

처음엔 들이쉬고 내쉬면서 숫자를 하나, 둘… 열까지 매겨 보는 것도 좋습니다. 집중력을 키우기 위해 열부터 하나로 거꾸로 셀 수도 있습니다. 잠들기 전 하나부터 오십 또는 백까지 헤아리다 잠들 수도 있습니다. 호흡 바라보기가 익숙해지면 숫자 헤아림은 하지 않아도 됩니다.

꾸준히 5분씩 하노라면 이내 10분, 15분으로 늘어납니다. 수행자들도 이런 과정을 거쳐 30분, 1시간씩 앉을 수 있게 됩니다.

호흡을 바라보면 삶에 변화가 일어난다

그 이유는 호흡 바라보기가 내면을 바라보는 힘을 키워 주기 때문입니다. 호흡 바라보기가 일상화되면 자신의 생각과 감정 바라보기가 가능해집니다.

몸의 감각을 바라보고 감정을 바라보고 연이어 일어나는 생각의 흐름을 바라볼 수 있다면 생각과 생각의 빈 틈새도 발견하고 그 공간에서 쉴 수도 있게 됩니다. 공간을 볼 수 있다는 것은 삶에서 멈춤이 필요할 때, 감정과 생각을 멈출 수 있음을 뜻합니다. 집요하게 달라붙던 생각들과 감정들로부터 자유로워질 수 있음을 뜻합니다. 무엇이든 고집하지 않고 선선히 내려놓을 수 있습니다. 호흡 명상의 힘입니다.

삶에서 거친 감정이 올라올 때, 바라볼 수 있다면 즉각적이고 충동적인 반응을 멈추고 관리할 수 있을 것입니다. 일반적으로는 한번 관성이 생기면 멈추기 어렵지요. 한번 어떤 생각에 사로잡히

면 헤어나오지 못합니다. 나쁜 버릇도 나쁜 줄 알면서 반복하게 되는 것도 이 멈춤의 힘이 부족하기 때문입니다. 명상은 멈출 수 있고 쉴 수 있게 돕는, 좋은 친구라 하겠습니다.

호흡 명상의 심화

심호흡을 4~5회 합니다. 들이쉴 때 자연의 맑은 기운을 흠뻑 들이쉰다고 상상하세요. 내쉴 때는 탁한 가운을 내뿜는다고 상상하세요. 특히 내쉬면서 온몸의 긴장을 풉니다. 내쉬는 숨에 초점을 맞추는 편이 좋습니다. 어느 정도 몸과 마음이 편안해지면 자연스러운 호흡으로 돌아가서 내쉴 때마다 긴장을 이완시키며 모든 걸 내려놓는다고 상상하세요. 긴장과 근심, 걱정, 생각, 감정 등 내쉬는 숨에 모든 걸 내려놓고 오직 호흡에 집중합니다.

진전되면 내쉬고 나서 들이쉬기 직전 짧은 틈새를 발견해 봅니다. 이 틈새, 이 공간에서 안식을 취합니다. 이 공간은 본래 우리의 고요함과 현존감, 오직 이 순간의 존재감을 느끼게 합니다.

처음에는 호흡을 놓치기 일쑤지만 나중에는 호흡을 알아차림이 유지되면서 생각과 감정을 바라볼 수 있게 됩니다. 단순히 호흡에 집중하여 숨이 자신과 하나 될 때, 분리감이나 이원성을 벗어날 수 있습니다. 하나 됨, 이원적 대립과 나와 너의 분별이 사라짐을 경험하는 것은 커다란 즐거움이요, 기쁨입니다. 이 지복감을 체험하면 다음부터는 자연스럽게 호흡 명상을 수시로 하게 됩니다.

　무엇을 원하거나 무언가를 하려고 애쓰면 바른 명상이 아닙니다. 헛된 노력이어서 부작용이 생길 수가 있습니다. 무리하게 하복부에 힘을 주지 않도록 합니다. 단지 호흡을 지켜보고 알아차리는 것만으로 마음은 혼탁이 가라앉으며 맑고 투명한 본래 모습을 드러내게 됩니다. 대야에 든 흙탕물을 빨리 가라앉으라고 흔들어 대면 더욱 탁해지지만 가만 내버려 두면 저절로 가라앉는 이치와 같습니다. 애쓰지 않되 주의를 집중하는 것. 긴장하지 않고 호흡에 집중함입니다.

지금을 마음껏 느끼는

걷기 명상

　이른 아침 집 밖에 나가 5분만이라도 천천히 거닐어 보세요. 날마다 산책을 한다면, 하루하루 변해 가는 바깥의 경치와 신선한 공기를 어제와 전혀 다른 느낌으로 받아들여 봅니다. 햇빛과 하늘 그리고 흙을 느끼고 신선한 공기를 한껏 마셔 활기를 불어넣으세요. 흐리든 맑든, 춥든 덥든, 눈앞에 펼쳐진 오늘을 마음껏 느낍니다.

어떤 동작을 할 때에 속도를 늦추고 천천히 하여, 몸의 갖가지 움직임들을 관찰 대상으로 삼는 것도 좋은 방법입니다. 잠자리에서 일어나는 순간부터 다시 잠자리에 드는 순간까지, 일어나고 앉을 때, 문을 열고 닫을 때, 몸을 씻을 때, 옷을 입을 때, 음식을 먹을 때 그 온갖 동작을 찬찬히 지켜봅니다. 언제 어디서나 명상이 가능합니다.

동작 명상 가운데 걷기 명상이 대표적입니다. 우선 목표 지점을 정합니다. 어디까지 가서 멈추고 되돌아오겠다는 목표를 세웁니다. 걸음을 떼기 전 '걷겠다.'라는 의도를 자각합니다. 발바닥 부분에 주의를 모아 걷습니다. 한 걸음 내디딜 때마다 분명히 알아차립니다. 발바닥이 땅에 딛는 느낌에 주목합니다. '왼발' '오른발' 하며 한 걸음씩 딛습니다.

조금 천천히 걸으면 한 걸음이 들어 올림(듦)과 내려놓음(놓음)으로 보이기 시작합니다. 점점 더 느리게 걸으면 들어 올림(듦)-내밂(밈)-내려놓음(놓음)의 세 단계로 보입니다. 왼발과 오른발이 교차할 때, 한 걸음을 채 딛기 전에 다른 발이 들어 올려짐을 볼 수 있습니다. 우리는 습관적으로 만사를 서두르며, 한 동작이 끝나기도 전에 다음 동작으로 옮겨 가는 방식에 익숙해져 있음을 알아차리게 됩니다. 이것을 알아차리면 보폭을 더욱 줄이고 한 발과 다음 발 사이에 틈새를 놓을 수 있습니다. 그러려면 다른 발로 옮겨 가기 전에 잠시 멈추어 지켜본 후 다음 발을 들어올리기 시작합니다.

서두를 필요가 없습니다. 이렇게 하는 목적은 지금 이 순간을 자각하는 능력을 키우기 위한 것입니다. 중간에 잡념이 끼어들면 알아차린 순간 잠시 걸음을 멈춥니다. 잡념을 잠간 바라봐 주고 다시 '걷겠다.'는 의도와 함께 걷습니다. 무리를 하지 않는 게 중요하고 지루하지 않아야 합니다. 평소 보지 못했던 경험을 신기해하며 천천히 걸음을 떼 놓습니다. 세 단계보다 더 세밀한 관찰의 경우, 지도가 필요합니다.

일상에서 호흡과 함께 하는 걷기 명상도 있습니다. 두 걸음마다 들이쉬고 두 걸음에 내쉽니다. 자연스러운 보행을 하면서 호흡을 느끼고 걸음을 느낍니다. 이것은 낮은 집중으로도 할 수 있는 쉬운 방법입니다. 호흡과 걸음이 하나 되면 걸음이 안정되고 마음도 안정됩니다.

함께 하는 명상 연습

먼저 편안한 자세로 앉습니다. 눈을 감고 호흡을 바라봅니다. 숨을 깊게 들이마시되 공기가 폐에 가득 차는 느낌이 드는 순간 잠시 멈춘 다음, 풍선에서 바람이 스르르 빠져나가는 것처럼 숨을 내쉽니다. 날숨에 몸의 긴장을 풉니다. 몸 전체가 부드럽게 이완되도록 편안하게 모든 것을 내려놓습니다. 내쉴 때마다 몸의 긴장과 함께 모든 근심 걱정도 편안하게 내려놓으세요. 명상의 예비 단계는 몸과 마음을 이완시키는 것입니다.

심호흡을 크게 해 봅니다. 숨을 깊게 들이쉰 다음 모든 것을 내려놓듯이 천천히 숨을 내쉽니다. 깊이 들이쉬며 바깥 공기가 몸속으로 들어오는 감각을 느껴 봅니다.

숨의 감각이 가장 확실하게 느껴지는 곳이 어디인가요?

사람마다 다르지만 대체로 코끝이나 콧구멍, 가슴이나 배입니다.

숨을 들이쉬고 내쉴 때마다 코끝에 스치는 공기의 감촉을 느껴 보세요. 온도 차이를 느껴 보세요.

다음에는 배가 불러오고 꺼지는 움직임을 느껴 봅니다.

내쉬는 숨(날숨)에 온몸을 편안하게 이완합니다.

꾸준히 하다 보면 배에서 호흡이 잘됨을 느끼게 됩니다. 자연스레 하복부 호흡이 되는 거지요. 이는 태어나서 쉬던 호흡이기도 합니다.

이제 몸의 감각을 느끼며 긴장된 부위를 살펴봅니다.

이를 악물고 있다면 가볍게 턱을 풀어 줍니다.

턱을 내밀고 있다면 고개를 슬며시 당깁니다.

입가에 살짝 미소를 지어 보세요. 얼굴의 근육들도 따라 이완합니다.

어깨 부위가 딱딱하게 굳어 있다면 부드러움이 느껴지는 장면을 떠올려 보세요.

앉아 있는 감각, 엉덩이가 바닥에 닿은 느낌, 몸이 공기와 접촉하는 느낌, 몸이 공간에 앉아 있는 느낌을 차례차례 바라봅니다. 몸 주변을 감싸는 공간을 느껴 봅니다. 이제 다시 호흡을 바라봅니다. 호흡과 호흡 사이 틈새를 바라봅니다. 처음엔 바라보기 어렵고 포착이 어렵지만 꾸준히 바라보면 틈새가 보입니다. 그 공간에 머물러 내면에 귀 기울이면 늘 재잘거리고 불평을 쏟아내고 주판알을 튕기는 에고를 바라볼 수 있습니다. 그 재잘거림에도 틈새가 있음을 발견하면 재잘거림이 잦아든 고요의 공간을 만나게 됩니다.

잠시 두 손을 느껴 보고 따스한 생명의 기운을 느껴 보세요.
'지금 여기'라고 하는 현존의 감각을 느껴 봅니다.
이제 호흡으로 돌아옵니다. 들숨과 날숨이 부드럽게 흐르도록 합니다. 호흡을 바라보다 다른 생각에 빠져 헤매고 있는 자신을 발견한다면, '괜찮아.' 하고 다시 호흡을 바라봅니다. 잡념이 너무 많다고 실망하거나 비난하는 것도 알아차리고 '괜찮아.' 하며 스스로를 부드럽게 다독여 줍니다. 그리고 다시 호흡으로 돌아옵니다.
호흡을 닻으로 삼습니다. 명상의 시작과 끝은 호흡임을 기억해 둡니다.
호흡과 감각을 느끼고 바라보면 지금 여기에 존재할 수 있습니다. 지금 일어나는 일이 무엇이든, 그것에 깨어 있으면 이 순간의 생생함으로 살 수 있습니다. 잡념 외에도 흔히 찾아오는 불청객이 있습니다. 졸림, 신체적 통증이나 저림, 주의를 분산시키는 소음들. 어떤 것이라도 다만 그것을 알아차리면서 있는 그대로 놔둡니다. 거기에 판단이나 해석을 붙이지 말고 지나가도록 놔둡니다. 모든 것은 구름처럼 흘러가는군요. 잡념도 통증도 어떤 감각도 그대로 머물러 지속되는 듯하지만 변하다가 마침내는 사라집니다.

마지막으로 삶을 돌아보는 시간을 갖습니다. 오늘 하루 또는 지금부터 며칠(몇 달, 몇 년) 동안 누군가로부터 상처 받은 경험이 있는지 돌아봅니다. 아주 어린 시절이 될 수도 있고 학창 시절이 될 수도 있습니다. 충분히 재경험합니다.

좋은 기억도 떠올립니다. 자연스러운 연상에 맡기고 무엇이 떠오르든 감상합니다.

외부에서 주입된 개념들이 무엇인지 살펴봅니다.

자신의 경험이 합쳐져 결론 내린 신념들은 무엇인가요?

이 개념과 신념들이 자신을 지배하고 삶을 호령하고 있음을 봅니다.

대인관계에서, 가족관계에서, 사업 관계 그리고 종교 생활에서도 여러 신념이 개입되고 있음을 성찰합니다.

명상 중의 경험과 깨달음을 기록합니다.

눈을 감고 호흡을 바라보고 이어서 가슴에 귀 기울여 봅니다.

가슴으로 느끼고 가슴으로 듣고 가슴으로 묻고 가슴 속 깊은 공간에 머무릅니다.

언제나 함께하는 드넓은 공간에 모든 걸 내려놓습니다.

호흡을 바라보면 호흡이 어떤 모습인지 드러납니다.

호흡은 어떻게 생겼나요?

빠른가요, 느린가요?

거친가요, 부드러운가요?

무거운가요, 가벼운가요?

이제 일어난 잡념을 바라봅니다. 어떤 생각들이었나요?

자신에게 일어난 잡념을 일어난 대로 적어 봅니다.

지난 일에 대한 생각, 후회, 비난, 원망인가요?

앞으로 일어날 일에 대한 걱정인가요?

뭐든지 좋습니다.

눈을 뜨고 경험한 것을 있는 그대로 적어 봅니다.

호흡을 바라보고 느낌이 어떤지 기록해 봅니다.

잡념에는 어떤 것들이 있나요? 자기 비난, 자책, 원망, 남을 탓하는 이야기 등 떠오르는 것들을 적어 봅니다.

　이제 적은 내용을 바탕으로 나에게 어떤 욕심(욕구)이 있는지 살펴봅니다. 욕구는 몸과 마음이 필요로 하는 것들로 구성되어 있음을 알아차립니다. 좋다, 나쁘다 식으로 분별하지 말고 일어난 대로 알아차리고 적어 봅니다. 적는다는 것은 명확히 알기 위해서입니다.

명상 중의 경험과 깨달음을 기록합니다.

눈을 감고 심호흡을 몇 차례 합니다. 내쉬는 숨마다 긴장을 실어 내보
냅니다.

몸과 마음이 편안해지면 생각을 바라보세요.

어떤 생각들이 주로 떠오르는지 혹은 머물러 맴돌고 되씹고 있는지,
자기를 비난하는지 남을 원망하는지, 생각에 골몰하는지, 과거 회상인
지 미래에 대한 걱정인지 알아차립니다.

지금 내가 '명상을 잘 하고 있는 건가?' '제대로 하는 건가?'라고 회의
하거나 평가하고 있는지도 알아차립니다.

다음은 지금 감정 상태가 어떤지, 기분이 어떤지 살펴봅니다.

들뜨고 흥분된 상태인지, 가라앉고 침울한 상태인지, 불안하고 걱정
스러운지, 산만한지, 짜증스러운지, 화가 나 있는지, 즐거운지, 기쁜지,
행복한지.

명상 중의 경험과 깨달음을 기록합니다.

상대를 보기 전에 자신을 봅니다.

상대를 통해서도 자신을 바라봅니다.

상대를 선악으로 판단하고 있음을 봅니다.

자신을 비하하여 미워하고 있음을 봅니다.

마음에 들면 좋고 안 들면 나쁘다고 하고 있음을 봅니다.

누군가 지극히 존경스러우면 그 사람은 나를 이해해 주고 공감해 준
분입니다.

같은 이치로 나 자신을 평가하지 말고 이해해 주고 공감해 줍니다.

자기 자신을 용서하고 사랑할 수 있는 이는 오직 진정한 자기뿐입니다.

명상 중의 경험과 깨달음을 기록합니다.

2부 고통을 다루려면 성찰부터 하라

모든 아픔은 사실에 있는 것이 아니다. 사실에 대한 관점에 따라 있는 것이다.

―슈리 바가반

6
고통의 다양한 모습

고통의 주인공은 내가 아니라, 에고다

아주 어린 시절, 삶과의 연결이 끊어지고 에고 의식이 생기기 시작하면서 우리는 푸른 하늘로 존재하기보다 구름으로 존재하기 시작합니다. 에고는 하늘에서 분리되어, 삶을 '애써야 하는 것'으로 믿게 합니다. 어린 시절 우리는 열린 가슴으로 온전히 살았지만, 점점 가슴을 닫고 머리를 굴리며 상대방의 눈치를 보고 사랑을 잃지 않으려 애쓰기 시작하였습니다. 괴로운 것을 피하려고 가슴을 닫고 머리로 살아왔습니다.

이 세상에는 나를 알아주는 이가 하나 없다고 믿고 우울하게 살아가는 이들이 많습니다. 이런 분리감(분리되어 혼자라는 느낌)은 에고가 만든 것일 뿐입니다. 사실 우리는 한 번도 푸른 하늘을 떠난 적이 없습니다.

우리는 아프면서 자라지요. 기대한 만큼 상대에게서 받지 못하고 상대의 기대만큼 주지 못하며 살지요. 서로의 요구가 다르고 서로의 경험, 배경이 다르니 서로 간에 오해가 생기고 상처를 주고받으며 아파합니다. 하지만 그 고통 속에서 참공부가 시작됩니다. 고통은 자기를 돌아보게 합니다. 남에게 의지하여 쉽게 해결하는 건 길게 보면 고통의 시작입니다. 언젠가 혼자 해결해야 될 때 그 힘을 준비하고 연습하지 않았기에 더욱 큰 고통이 다가오기 때문입니다. 붓다도 죽을 고비를 넘긴 분입니다. 깨닫기까지 시행착오도 많았습니다. 극단의 쾌락적 삶도 살았고, 극단의 고행도 한 분입니다.

괴로움을 해결하려면 괴로움을 우선 인식해야 합니다. 괴로움에 신음하고 있는 것 자체를 모르는데 괴로움에서 벗어날 길을 찾을 수는 없습니다. 문제의 인식이 곧 해결의 시작입니다. 어떤 의사는 질병을 과장해서 희망을 포기하라고 선언하고, 어떤 의사는 병이 없다는 거짓 위안으로 환자를 안심시킵니다. 비관론자, 낙관론자 똑같이 위험합니다. 자신도 모르는 욕망과 충동에 사로잡혀 헤매는 것이 환자의 상태입니다. 어떤 의사는 질병의 징후를 올바로 진단하고 질병의 원인과 발생을 이해하고 그것을 치유할 수 있다고 확신한 다음 용기 있게 치료해서 환자를 구해 냅니다. 현재의 삶을 제대로 살지 못하고 힘겹게 살아가던 한 환자분의 이야기를 들어 보겠습니다.

사례 상담 치료자를 처음 만났을 때, 무섭고 겁이 났습니다. 왠지 나를 위압하는 것처럼 느껴졌거든요. 상담을 통해, 내가 남의 말과 표정에 상처를 잘 받는 이유를 알게 됐습니다. 자랄 때 어머니와의 관계에서 비롯되었더군요. 어머니는 저에게 칭찬은커녕 야단만 치고 고함을 지르기 일쑤였어요. 항상 어머니의 눈치를 보며 자랐습니다. 여자를 미워하고 믿지 못하는 것도, 불안과 공포에 시달린 것도, 사람들을 대할 때 이유 없는 두려움과 긴장을 느끼는 것도 모두 어려서 얻은 습관입니다.

그러나 이제는 남이 나를 괴롭히는 것이 아니라 스스로 괴로운 감정이 일어나는 것일 뿐, 치료자가 괴롭히는 것이 아님을 상담을 통해 알게 되었습니다. 고통의 원인은 내 속에 있는 것이고 남을 볼 게 아니라 나를 다스리면 그뿐이라는 것을. 그동안 내가 나의 감정을 억압하고 회피하여 왔음을 알았습니다.

명상과 심리 치료의 공통점은 자신과 대면하기입니다. '저기 바깥'에 집중하는 것이 아니라 내면에서 벌어지는 일에 집중하는 쪽으로 방향을 돌리는 것이 명상입니다. 불편한 것을 마주하게 되면 사람들은 보통 반발하거나 비난하거나 바로잡거나 달아나는 데 에너지를 씁니다. 괴로움은 삶에서 벌어진 일 때문이 아니라 그 일에 대해 에고가 만든 이야기를 믿는 데서 생깁니다. 엄청난 고통을 겪고도 힘을 잃지 않은 사람들은 자기의 상태를 알아차립니다. 이야기를 만들지 않되 그 이야기를 경청하고 알아차린 사람들입니다.

사례   남편과 한창 말다툼을 하던 중, 남편을 공격하고 싶은 충동을 느끼며 동시에 제가 희생자라는 느낌을 받았습니다. 하지만 저는 멈춰서, 끊임없이 이야기(분함, 억울함, 자신의 정당함, 상대의 부당성 등)를 지어내고 있는 에고를 가만히 바라보았습니다. 한순간에 남편과 헤어져야 할 온갖 이유를 늘어놓았고, 다음 순간에는 남편이 떠날까 봐 두려워했지요.
저는 에고의 어떤 이야기도 따르지 않고 그저 바라보기만 했습니다. 이러한 바라봄은 저 자신을 용서하고 남편을 용서하게 했습니다. 그러자 이야기들이 천천히 잦아들었습니다. 잠시 후에는 남편과 차분하게 이야기를 나눌 수 있게 되었습니다.

이것이 바로 '자신과 대면하기'입니다. 자신을 바라보고 내면의 독백을 바라보고 고통을 알아주는 것이 치유의 작용을 일으키는 것입니다. 마음 관찰에서 가장 중요한 것은 내면의 전쟁을 바라보는 것입니다. 마음속의 갈등을 통제하려 하기보다 그것들에 관심과 호기심을 품는 순간 그것들과 관계를 맺기 시작합니다.

마음의 더러움이 고통이다

붓다는 탐욕이 마음의 더러움이고, 악의가 마음의 더러움이고, 화내는 것이 마음의 더러움이고, 원한, 저주, 격분, 질투, 인색, 거짓, 기만, 고집, 선입견, 자만, 교만, 방일이 마음의 더러움이라고 합니다. 마음의 더러움들을 보면 모두 고통의 원인이거나 결과임을 알 수 있습니다. 더러움을 더러움으로 분명히 알아야 버릴 마음을 낼 수 있다고 붓다는 설합니다.

모든 고통과 장애를 잘 들여다보면 욕망과 연관되어 있음을 알 수 있습니다. 탐욕은 타인의 이익을 침탈해서라도 자기 이익을 추구하는 이기적 속성을 가지고 있습니다. 결국 타인을 해롭게 하면 그 결과는 자신을 해치는 것입니다. 이것이 삶의 실제 모습인데도 에고는 자신을 위하는 것이라고 합리화합니다. 이것을 붓다는 그

릇된 견해라 하고 자신을 해치는 것임을 모르기에 어리석음이라 하였습니다. 오히려 남을 배려하고 타인의 행복을 위해 헌신하는 결과는 자신의 행복으로 연결된다는 것이 붓다의 일관된 가르침 입니다. 자비심은 이기적 욕망이 아닌 이타적 사랑이요, 배려입니다. 남을 탓하는 것은 해결책을 남에게 맡기는 것과 같습니다. 문제의 해결은 누가 해결해 주는 게 아니라 어디까지나 자신의 책임입니다.

쾌감 역시 고통이다

우리는 모든 고통 속에서 쾌락을 추구합니다. 고통으로부터 도망치기 위해서 쾌락을 추구하지만 쾌락도 잠시 지나면 고통으로 변합니다.

쾌快의 본질을 살펴볼까요? 어려서 자전거를 몹시 갖고 싶은 소년이 있었습니다. 어느 날 아버지가 예쁜 자전거를 사 주자 소년은 뛸 듯이 기뻐했지요. 그러나 두세 달 지나 더 멋있는 새 자전거가 눈에 띄자 불만을 품고 아버지에게 또 졸라 새 자전거로 바꾸고, 중학교에 진학하고 또 새로 나온 자전거로 바꾸었습니다. 직장인 되어서는 중고차를 사서 몰다가 새 차로 바꾸고 3년도 안 돼 또 새 차를 갖고 싶어 했습니다. 이처럼 쾌락을 추구하는 마음에는 끝이 없습니다. 만족을 모르는 욕망을 성찰하지 못하면 고통에서 벗어날 수 없습니다.

조건이 있는 즐거움은 기쁨이 아닙니다. 이 경우 조건이 사라지면 불쾌가 뒤따릅니다. 반대로 바라는 바 없이 사회와 타인을 위하면 참기쁨과 참행복이 피어나지요. 다른 사람을 위하면 내면에서 성취감을 느낍니다. 의학적으로는 옥시토신이 분비됩니다. 자아가 확장되고 성장합니다.

호기심으로 관찰하면 고통은 달라진다

한 사람이 호랑이 굴에 떨어졌습니다. 호랑이에 잡아먹힐지도 모른다는 두려움에 필사적으로 도망치지만 호랑이로부터 벗어날 수 없었습니다. 호랑이와 맞서 싸우려 하지만 상대가 되지 못합니다. 도망도 실패하고 싸움도 실패했을 때 제3의 어떤 방법이 있을까요?

이때 명상은 '호랑이 아가리로 머리를 집어넣고 친구가 되어라.'라고 가르칩니다. 무슨 뜻일까요? 호랑이는 삶에서 겪게 되는 고통입니다. 고통에 대해 배우고 그것을 관찰하고, 그 속으로 직접 들어가서 만나야 한다는 뜻입니다. 문제의 해결은 피하거나 바꾸거나 없애는 게 아니라 고통의 구름을 바라보고 자각하는 일입니다.

삶에서 무슨 일이 벌어지고 있는지 호기심을 품고 바라보는 것은 바깥세상에서건 내면세계에서건 유용합니다. 여행을 통해 바깥세상이 얼마나 넓고 신기한 것으로 가득 찼는지 즐기듯이, 내부 세상도 호기심으로 관찰하기 시작하면 환희의 세계가 반겨 줍니다. 마음이 두려움의 파도에 휩쓸리면 호흡과 함께 자신의 몸을 느껴 보세요. 가슴과 배의 감각을 느끼고 '이게 뭘까?'라고 호기심으로 질문해 보세요. ('이것이 무엇인가?' '나는 누구인가?'라는 원초적 질문은 선가에서는 시심마是甚麼라는 화두이기도 합니다.) '아, 두려움이구나.'라고 알아차리는 것은 그것에 대해 생각하는 게 아니라 그것을 경험하는 것입니다. 두려움을 경험한다는 것은 매우 강력한 힘을 발휘합니다. 호랑이 아가리로 머리를 집어넣으면 어느새 호랑이는 친구가 됩니다. 두려움에 사로잡혀 거기에 굴복하는 것이 아니라, 한 걸음 나아가 두려움과 연결이 되면 두려움이 더 이상 고통이 되지 않습니다. 마음의 작용들을 놓치지 않고 마음

호기심으로 바라보기

이 무엇을 하고 있는지 바라보고 알아차리는 것은 에고가 지어낸 갈등의 구름에서 벗어날 수 있는 출구입니다. 호기심을 갖고 보는 힘이 커질수록 삶이 나를 부리는 게 아니라 삶을 즐기게 됩니다. 갈등의 구름이 엷어질수록 삶이 살 만하다는 걸 분명히 알게 됩니다. 삶의 파도들이 나를 단련시키고 깨우쳐 주기 위한 것임을 알게 됩니다. 삶에 저항하거나 집착하기보다 '그래, 괜찮아.'라고 삶이 흘러가도록 허용하면 삶은 여행이 되고, 매 순간 즐기며 살게 됩니다.

돌아보기 삶을 돌아봅니다. 그동안 살면서 자신의 마음이 얼마나 분주했는지 돌아봅니다. 언어를 배우고 자아의식이 커지면서, 삶을 경험하는 대신 모든 걸 생각으로 파악하는 개념의 세계로 들어갔음을 보세요. 갈등의 구름에서 나오는 목소리를 자신과 동일시하면서, 삶의 아름다움과 신비를 놓치고 살아왔음을 볼 수 있군요. 가슴과 단절되어 살아왔음을 돌아봅니다.

아픈 마음 받아들이기

받아들이기의 첫 단계는 우선 아픈 마음을 있는 그대로 바라보고 안아 주고 이해해 주는 것입니다. 명상을 통해 현재 순간의 알아차림이 증가되면 자신이 처해 있는 몸과 마음 상태에 대한 자각과 함께 그것들에 대한 평가를 보류하고, 있는 그대로 받아들이기 시작합니다. 그동안 보지 못했던 마음의 찌꺼기들도 보게 되고 부정하고 외면해 왔던 것들을 보게 되면서 인정하게 됩니다. 무가치하다고 내팽개쳤던 것도 보게 되고 가치 있다고 붙잡고 있는 것도 보게 됩니다. 미세한 욕구도 볼 수 있게 되고 회피하려는 의도도 보게 됩니다.

좋은 면도 보고 인정하기 싫은 면도 보고 수용하는 단계입니다. 이러한 자각이 일어나면 더 이상 외부에 탓하는 투사를 멈추고 자신과 남을 비난하기 일삼던 악순환에서 벗어나게 됩니다. 비로소 자신을 받아들이고 남을 받아들이는 용서와 수용의 단계에 접어듭니다.

용서가 가능해지려면 전제조건이 있습니다. 상대에 대한 무한한 연민이 그것입니다. 연민은 고통에 대해 공감하는 마음입니다. 그러려면 먼저 자신의 아픔에 대한 깊은 경험이 있어야 합니다. 나의 아픔을 철저하게 경험하면 상대도 나와 동등하게 아플 수 있고 실제로 나로 인해 상처를 받아 나 못지않게 신음하고 있음을 공감하게 됩니다. 이 아픔으로부터 연민이 우러나와 비로소 용서하게 되고 용서를 구할 수 있게 됩니다.

용서가 일어나면 사랑하게 되고 진정으로 사랑하게 되면 애착과 혐오의 반응에서 벗어나 모든 게 만족스럽고 모든 게 기쁨이고 모든 게 진실함을 맛보게 됩니다. 마음이 탐욕과 분노에 끌려 다니다가 비로소 마음 너머 푸른 하늘과 찬연한 빛을 만나 더 이상 분별 망념에 속지 않게 됩니다.

다른 사람이 나를 어떻게 보느냐가 아닌, 나의 내면에서 무엇이 일어나고 있는지 보아야 합니다. 다른 사람이 나를 어떻게 생각하느냐는 중요하지 않습니다. 에고는 계속 비판하고 비난합니다. 끊임없이 다른 사람을 탓하고 자기 자신도 탓하면서 만족하지 못합니다. 에고는 항상 의심하는 속성이 있습니다.

나의 내면이 이러함을 진솔하게 바라보고 받아들이고 관심 기울이고 품어 주는 게 중요합니다. 내면의 현실을 경험하면 성장합니다. 성장하면 기쁨이 오고 에고에서 벗어나 삶을 즐길 수 있게 됩니다.

용서 연습

분노나 싫은 감정이 일어나면 상대방을 향하여 분출하는 대신 일단 멈춥니다.

심호흡을 합니다.

두 눈을 감고 크게 들이마시고 내쉽니다.

내쉬는 숨마다 긴장을 푸세요.

자연스러운 호흡으로 돌아가 호흡을 바라봅니다.

호흡과 호흡 사이의 틈새를 발견해 보세요.

이제 그 공간에 머무르세요.

그 공간에서 나에게 화를 불러일으킨 상황을 떠올립니다.

'그가 나를 비방하고 괴롭힌 것은 사실이다.' '분노를 촉발시킨 것도 사실이다.' 라고 인정합니다.

그러나 그는 결코 분노의 근원이 아니고 분노가 일어나는 곳은 바로 나 자신임을 알아차립니다.

알아차리면 화가 사라짐을 확인합니다.

마지막으로, 깨우침의 기회를 준 상대방에게 감사합니다.

그리고 그를 용서합니다.

극복하려 하지 말고 귀 기울여라

고통을 극복하려 애쓰기보다 명상을 통해 고통에 귀 기울이면 고통이 주는 가르침이 들리기 시작합니다. 이렇게 되면 고통은 힘들기만 한 게 아니라 배울 수 있는 대상이 됩니다. 가혹한 자기 비난이 가혹한 타인 평가로 펼쳐져 나감을 자각하는 순간, 자기 연민과 자기 수용이 일어나기 시작합니다. 고통에 저항하는 것을 중지하고 자신을 끊임없이 평가하는 일을 중지하면 삶이 느긋해지고 삶을 즐길 수 있게 됩니다.

끊임없이 계산기를 두드려 대는 갈등 상태는 삶을 즐길 수 없게 합니다. 삶과 다투느라 에너지를 다 써 버린 탓입니다. 이른바 소진 상태에 빠지게 됩니다. 내가 지치고 힘든데 타인을 배려하고 보듬을 힘이 있을까요? 내가 불행하니 주변도 불행해집니다. 명상은 바깥에 방전시킨 에너지를 자가 충전시켜 불행한 나를 편하게 해 줍니다. 내가 편안하니 주변도 편안합니다. 흔히 자신의 불행을 부모 탓, 환경 탓, 국가 탓으로 돌리지요. 물론 틀린 말은 아니나 이런 관점에서는 바깥 환경이 바뀌지 않는 한 해결책이 없습니다. 자신의 내면을 탐구하여 불행과 고통의 연유를 살피기 시작하면 갈등의 연결 고리들이 보이기 시작합니다. 불행의 악순환이 어떻게 시작되어 전개되는지 분명히 보이면 출구가 보입니다.

이 작업은 누가 대신해 줄 수 있는 게 아닙니다. 스스로 하는 작업입니다. 부모나 출신 배경이 대신 해 주기를 기대하는 한 불행을 종식시킬 수 없습니다. 공자도 다음과 같이 말했습니다.

현명한 사람은 모든 것을 자신의 내부에서 찾고 어리석은 사람은 모든 것을 타인에게서 찾는다.

상처는 부모로부터 왔으며 대물림된다

어린 시절 자기에게 일어났던 것을 타인에게 복수함으로써 유년기의 정신적 상처를 보상받으려 하는 경우가 많습니다. 벌을 받을 때 이외에는 부모에게 아무런 관심도 받지 못했던 아이는 버림받을 것이 불안한 나머지 벌을 받게 되리라는 것을 뻔히 알면서도 그런 방식의 행동을 시작합니다. 최소한 벌을 받을 때만은 부모들이 자기 존재를 알아줄 것이라고 확신하고 있는 것입니다. 여기에는 관계가 끊어지느니 차라리 학대를 택하겠다는 처절함이 깔려 있습니다.

부모들 또한 상처 속에서 살아온 까닭에 자녀들과 온전히 소통하는 법을 알지 못합니다. 부모들은 아이들에게 '학대'와 '방치'라는 두 가지 상처를 입힙니다. 학대는 부모가 아이의 감정을 수용하지 못하고 훈육이라는 이름으로 계속 간섭하거나 신체적·정신적으로 폭력을 행사하며 부모 뜻대로 통제하는 모습으로 나타납니다. 방치는, 부모가 바빠서 아이를 제대로 돌보지 못하는 것부터 무관심으로 아이 혼자 내버려두거나 아예 집을 나가는 경우까지 다양합니다. 이렇게 학대받거나 버림받은 아이들은 사랑받지 못할까 봐 두려움을 감당하기 위해 이야기를 지어내기 시작합니다. 에고는 이렇게 해서 성장합니다. 우리는 가슴에서 단절되어 에고가 큰 소리치는 세계에 갇히게 됩니다. 에고는 자기 마음에 들지 않는 부분을 없애려 굉장한 에너지를 쓰고 있습니다.

마음은 훌륭한 하인이지만, 끔찍한 주인이 될 수도 있습니다. 마음에 사로잡히는 게 아니라 마음을 부리는 법을 배울 때, 평안이 자연스러운 상태이며 무슨 일이 벌어지든 우리는 늘 평안 속에 있다는 걸 알게 됩니다. 우리는 항상 밖에서 찾으려 하므로 보지 못합니다. 그것은 찾을 수가 없습니다. 잃어버린 적이 없기 때문입니다.

사랑 속에 깃든 기대와 지배욕, 소유욕

우리는 사랑을 주는 게 아니라 구걸하며 살아왔습니다. 지금 우리가 받는 고통은 사람들로부터 사랑을 기대한 결과입니다. 우리는 어려서는 '엄마는 나만 사랑해.'라고 생각하고 믿지만, 몇 년 후 동생이 태어나면 이 믿음은 송두리째 무너지고 말지요. 세상이 바뀌어 버린 큰 충격을 받습니다. 엄마가 나만 사랑하는 게 아니라는 사실을 깨닫기까지 많은 시간이 필요합니다. 유치원이나 학교에 가면 선생님이 가장 좋아하는 아이는 나라고 생각합니다. 그러나 많은 학생들이 칭찬을 받는 걸 보고 기대는 무산되고 맙니다.

친구를 사귀면서 이 친구는 나만을 위하는 친구라 생각합니다. 그러다 그 친구가 다른 친구와도 어울리는 걸 보고 상처받습니다. 커서 애인을 사귀는데 남자 친구 또는 여자 친구가 나만을 사랑한다고 기대합니다. 그러다 애인이 다른 사람과 웃으며 이야기하는 걸 보고 '저 사람에게는 저렇게 잘해 주는구나. 나보다 저 사람이 더 중요하구나.'라고 질투하며 또 상처받습니다. 결혼을 하면 아이들에게 아이들은 나만의 것이겠지 기대합니다. 아이는 사춘기가 되어 반항하며 "엄마는 좋은 엄마가 아니에요!"라고 문을 박차고 나가 버립니다. "이럴 거면 왜 날 낳았느냐."며 원망까지 해대면 기대감이 완전히 무너져 버립니다. 관계에서 항상 사랑을 구걸하며 살면서, 그것을 사랑이라 생각하지만 실은 사랑의 이름으로 상대를 소유하려 한 것입니다.

소유욕은 삶 속에서 관계 속에서 이렇게 나타납니다. 자신이 원하는 대로 가족들이나 사람들이 행동하길 원하고 그렇게 행동하지 않으면 상처받습니다. 상대방에게 사랑을 기대하고 지배하려 들고 거부하면 비난하고 미워합니다. 이 기대감과 지배욕, 소유욕을 사랑이라 이름하며 집착해 왔습니다. 소유의 관계에서는 자유가 없습니다. 집착은 고통이고 소유는 비참한 관계가 되고 맙니다. 사랑과 미움은 동전의 앞뒤입니다. 한순간 애정이 미움으로 바뀌면 자식도 가족도 원수가 되고 맙니다.

사랑에 고통이 있다면 사랑이 아니라 소유요, 집착입니다. 소유하려는 이유는 내가 원하는 대로 지배하고 싶기 때문입니다. 이것은 내면에서 불안, 두려움이 있기 때문입니다. 안정감이 없기 때문에 끊임없이 에고가 환상을 만듭니다. 에고가 개입하는 한 사랑은 없습니다. 소유와 집착은 사랑이 아닙니다.

돌아보기 살아오면서 사랑이 아니라 집착을 해 왔음을 살펴보십시오. 살면서 얼마나 조건부로 사랑을 했는지 봅니다. '저 사람이 정말 나를 사랑할까?' 시험하면서 살아왔음을 봅니다. 항상 기대하고 기대가 클수록 실망도 컸고 고통도 컸음을 봅니다.

상대를 시험한다는 건 집착임을 알아차립니다.

상의하자면서 자기 멋대로 일방적으로 요구하여 왔음을 봅니다. 자신이 이미 결정해 놓고 상대에게 일방적으로 허락을 요구하지 않았나요? 관계에서 자유가 없었음을 보고, 상대가 얼마나 숨이 막혔을지 봅니다.

삶에서 집착을 내려놓으려면, 먼저 삶에서 집착하고 있음을 보아야 합니다. 관계에서 상처를 받았다면 관계에서 집착이 있었는지, 그 관계가 사랑이었는지, 사랑받기 위해 구걸했는지 시험했는지를 있는 그대로 보고 알아차려야 합니다. 마음이 하는 짓을 있는 그대로 볼 수 있어야 합니다. '옳고 그름' '좋고 나쁨'을 판단하고 반성하는 게 아니라 뭘 하고 뭘 했는지를 보는 것입니다.

조건 있는 사랑을 하지 말라는 것도 아니고 조건 없는 사랑을 하라는 뜻도 아닙니다. 내면의 모습을 '있는 그대로 보라.'는 것입니다. 무엇이 일어났는지 무엇이 일어나고 있는지 있는 그대로 보는 것이 중요합니다. 진실을 보고 머무르면 집착에서 벗어날 수 있습니다.

인정 구걸

신경증 환자들은 자유롭게 연상하다가도 치료자에게 창피함을 느끼고 자꾸 감추려 듭니다. 남의 평가에 민감한 것이죠. 결부 짓기를 좋아하고, 자기보다 오히려 남에게 관심이 많습니다. 주변 사람의 평가에 흔들리고 자기 중심을 유지하지 못합니다. 남이 자신을 어찌 볼지, 비난하지 않을지 전전긍긍합니다. 심하면 몸이 떨리고 손이 떨려 글씨도 잘 쓰지 못하고 커피 잔도 겨우 듭니다. 비난이나 칭찬은 남의 의견일 뿐인데도, 우리는 남의 것과 나의 것을 구분하지 못하는 경향이 있습니다. 그런 평가나 심판은 어려서부터 주입된 것인데 이젠 자기 자신의 것이 되어서 그렇습니다.

이렇게 자신이 애쓰며 남의 칭찬과 인정을 애걸하고 있음을 봅니다. 그리고 그것은 부모의 사랑을 잃지 않으려는 데서 비롯되었음을 보십시오.

스카이캐슬을 향한 강박

어떤 초등학생이 시험에서 70점을 맞고는 성적표에 사인해 달라고 엄마에게 요청합니다. 엄마가 "겨우 70점밖에 못 맞았니?"
하고 야단치지요. 이후로 아이는 열심히 공부하였지요. 다음 시험
에 90점을 맞았습니다. 이번에는 엄마가 기뻐하시겠지 하고 기대
했지만 엄마는 "10점만 더 맞으면 100점일 텐데…."라고 말했습
니다. 아이는 이번에는 더욱 열심히 하여 기어코 100점을 맞았습
니다. 엄마의 반응은 어땠을까요?

"너희 반에 100점 맞은 애가 몇 명이나 되니?"

이제 아이는 엄마를 만족시킬 수 없음을 알고 절망합니다. 아이
는 커서도 일과 대인관계에서, 배우자와 자녀 관계, 어떤 것에서
도 즐기지 못합니다. 다음, 또 다음을 향해 쉬지 않고 성공가도를
달리느라 모든 걸 희생합니다. 상담 치료자가 "그렇게 성공가도
를 달리고 마지막에는 무엇을 할 겁니까?"라고 물으니, 내담자는
이렇게 답했습니다.

"편히 쉬려고요."

아닙니다. 해결책은 지금 쉬면서 현재를 즐기는 것입니다. 지금
쉬지 못하고 편하지 않다면 영원히 편할 수 없습니다. 성공할 때까
지 쉼과 행복을 미루지 않는 게 삶을 즐기는 길입니다. 아무리 바빠
도 잠깐 멈추고 일 분간 호흡을 바라보고 일 분간 몸의 감각을 느끼
고 일 분간 생각과 감정을 바라보면서 자신을 쉬게 해 주세요.

만족할 줄 모르는 욕망이 사회적으로 일류병을 만듭니다. 일등이 아니면 인정하지 않는 성적 지상주의와 업적 지상주의가 사회를 병들게 합니다. 숙고 명상은 이러하고 있음을 바라보고 자각하는 것입니다. 명상을 통하여 마음의 습관들을 알고 찌꺼기를 덜어내고 해로운 것은 버립니다. 밝고 긍정적인 걸로 대체합니다. 열등감 치유는 일등이 되는 것이 아니라 현재 있는 그대로의 자신을 받아들이고 인정함으로써 이뤄집니다. 영화 〈말아톤〉의 주인공처럼 장애를 갖고 있는 분들에게도 일등에게 보내는 찬사와 칭찬을 보낼 수 있어야 합니다. 끝까지 자신의 온 힘을 발휘하여 완주한 꼴찌에게 아낌없이 박수를 보내는 마음이 곧 평등한 자비요, 사랑입니다.

삶을 지치게 만드는 주범

갈등

눈을 감고 있노라면 가장 먼저 만나는 것은 잡념들입니다. 이 잡념들의 상당수가 갈등으로 이루어져 있습니다. 삶의 모든 차원에서 끊임없이 회의하고 갈등 상태에 있습니다. '지금 잘하고 있는 걸까?' 작은 물건 하나 고르는 것부터 삶의 목적까지 회의합니다. 갈등은 두 개의 상반되는 생각이 충돌하는 내면의 재잘거림입니다. 무언가를 생각하면 반대 생각이 튀어나와 발목을 잡고 씨름하게 됩니다. 마음이 계산기를 두들기느라 에너지 소모가 일어납니다. 늦어도 갈등하고 빨라도 갈등하고…. 이래야 할까 저래야할까, 자신의 갈등으로 다른 사람도 고통스럽게 만들고 다른 사람도 고통받기를 원합니다. 모든 행동을 정당화하면서 마음속으로는 아니라고 합니다.

사춘기 시절 햄릿의 독백처럼 '죽느냐 사느냐?'를 두고 심각하게 고민한 적이 있습니다. 이 세상에서 내가 해야 할 일이 무엇인지 깨달을 때까지 갈등은 지속되었습니다. 삶의 목적과 부합될 때에는 갈등이 없습니다. 내가 걸어야 할 올바른 길은 자기 자신만을 위하는 길이 아니라 사람들을 아우르는 길이어야 갈등 없이 삶을 즐길 수 있습니다. 삶이 겉으로 아무리 화려해도 내면의 갈등이 있다면 편안함은 없습니다.

스스로에게 질문해 보십시오. 왜 갈등하나요? 상황이 그리 만들었나요?

마음은 상황이 그리고 남이 그리 만들었다고 변명하지요. 무엇을 하든, 무슨 행동을 하든 갈등은 일어납니다. 의심이 있을 때, 선택해야 할 때, 명료한 앎이 없을 때마다 우리는 갈등에 휩싸이지요. 갈등은 마음의 속성 중 하나임을 자각합니다.

갈등이 일어나면 경험할 수 없습니다. 뭐든 즐길 수도 없습니다. 어린 시절 처음으로 새를 보았을 때 우리는 그것을 신비 그 자체로 여겼습니다. 자신의 온 존재로 경험을 한 것입니다. 커 가면서 생각으로 그것을 경험하게 되었습니다. "오, 저건 새인데 까치인가 까마귀인가?" 하고 새를 분석하고 있음을 봅니다. 마음속의 구름과 자신을 동일시하고 있다는 사실을 먼저 자각하게 됩니다. 만성적이고 사소한 갈등에 익숙해진 나머지 자신의 생각이 내가 되어 버렸음을 깨닫게 됩니다.

갈등을 없애려고 수많은 노력을 해 왔지요. 개인 차원에서, 조직이나 사회가, 국가가, 유엔이 그리 하고 있습니다. 그러나 하나의 갈등이 끝났나 싶으면 다른 갈등이 이어서 등장합니다. 갈등이 삶을 지배하고 있습니다. 이 내면의 갈등 상태는 그대로 외부 현실에 반영됩니다. 상대편과 티격태격 다투느라 에너지가 소모됩니다. 피곤해지고 무기력해지고 삶이 무미건조해지고 같은 삶이 반복됩니다.

두 개의 서로 반대되는 생각들이 갈등의 특징입니다. 서로 다투느라 에너지를 잡아먹습니다. 잡념을 찬찬히 들여다보면 몇몇 이야기들로 구성되어 있습니다. 늘 반복되는 자기 독백들입니다. 이야기들은 무엇이 좋고 무엇이 싫은지, 무엇을 해야 한다거나 하지 말아야 한다고 떠들고, 순식간에 이랬다가 저랬다가 합니다. 우리는 언젠가부터 그 이야기들을 믿게 되었습니다. 그것은 판단으로 뭉쳐 있으며, 슬픔과 후회, 외로움과 원망으로 신음하도록 부추깁니다. 이러한 갈등 상태는 평안과는 거리가 멉니다. 다른 사람들은 물론이고 자기 자신도 가혹하게 판단합니다.

필자 역시 갈등 속에서 묻혀 살았고, 보다 나은 삶에 대해 갈증을 느끼며 고통을 해결하고자 애를 쓰며 산 적이 있습니다. 자신의 결함을 고치려 애를 썼고 늘 자신을 판단하고 평가하는 데 골몰했으며 자기 비난에 열중하곤 하였습니다. 다른 사람을 대할 때도 똑같은 방식으로 판단하고 비난하기를 계속하였습니다. 명상을 알고 나서야 자신을 있는 그대로 만나는 법을 배웠지요.

자라면서 사람들은 에고가 재잘대는 갈등의 구름 속에 살게 됩니다. 그리하여 삶을 직접 경험하지 못하고 생각으로 인식하게 되고, 삶을 경험하는 대신 삶과 투쟁하게 됩니다. 에고는 뭔가 더 나은 것을 찾습니다. 더 나은 몸, 더 나은 애인, 더 나은 자동차, 더 나은 마음, 더 나은 명상…. 고통을 피하려고 쾌락적인 충동의 세계에서 만족을 찾으려 듭니다. 결국 마음이 시키는 대로 따르는 노예가 되고 맙니다. 몸과 마음의 주인으로 살기보다 종으로 살고 있음을 인정하지 않을 수 없습니다. 우리는 항상 찾으려 하므로 보지 못합니다. 에너지만 소모되고 지치게 됩니다. 마음을 쓰고 부리는 법을 배울 때, 편안함이 자연스러운 상태가 되며 무슨 일이 벌어지든 우리는 늘 편안함 속에 있다는 걸 알게 될 것입니다. 화가 나거나 깊이 절망하거나 몹시 두려운 순간에도 본래 가지고 있는 편안함의 공간 - 늘 푸른 하늘이 나와 함께 있습니다. 천둥벼락이 쳐도 푸른 하늘은 흔적 없이 본래 고요하기 때문입니다. 명상은 생각과 갈등으로 가득 찬 마음 너머의 여백, 바로 그 공간에 머무르게 합니다.

돌아보기   눈을 감고 호흡을 바라봅니다. 이제 숙고를 통해 갈등의 삶을 돌아보십시오. 짜증이 쉽게 나고 남이 나를 반가워해도 사랑을 줄 수 없게 되는군요. 버럭 화를 내고 남 탓만 하고 있음을 보세요. 아이들과 배우자와 동료와의 관계들이 무너지고, 일을 해도 자발성도 없고 창의력도 없습니다. 내가 불행하면 바깥도 불행해짐을 봅니다. 내가 평화로우면 바깥 세계도 평화로워짐을 자각합니다.

트라우마의 재연 극장

무의식의 힘은 의식이 이길 수 없습니다. 보이지 않게 은밀하게 작용하여 알아차리기 어렵기 때문입니다. 또한 무의식은 원하는 바가 달성되기 전에는 집요하게 반복하는 경향이 있습니다. 어린 시절 겪은 트라우마는 지속적으로 관심을 받으려 들지요. 내면의 재잘거림도 사실은 그 트라우마에서 비롯합니다.

그 트라우마 상황을 재현하고 재경험할 필요가 있습니다. 그때 어떻게 상처받았고 그때 기분과 감정은 어떠했으며 그에 따른 생각들은 어떠했고 결론을 어떻게 내렸는지를 보아야 트라우마의 지배에서 놓여날 수 있습니다.

기억할 수도 없는 영유아 시절의 상처와 그에 따른 훈육과 형성된 습관을 붓다는 "뿌리 깊은 경향"이라 표현하였습니다. 뿌리 깊은 경향에 의해 우리는 인식 과정이 왜곡되고 부정적인 경험으로 오염된 생각들로 살아가게 됩니다. 정신을 포함한 여섯 감관에서 대상을 만나 각각의 의식이 생겨나는 것을 접촉이라 합니다. 감각기관(눈, 귀, 코, 혀, 몸, 정신)이 각각의 대상(형상, 소리, 냄새, 맛, 촉감, 사실)을 만나면 느낌이 발생하고, 그 느낌에 대해 분별하고, 분별한 것을 생각하고, 생각한 것에 여러 과거의 기억과 체험들의 연상이 덧붙여져 생각은 솜사탕처럼 부풀려집니다. 이렇게 해서 있는 그대로 실상을 보는 게 아니라 보고 싶은 대로 보고 왜곡된 선입견으로 보면서 탐착하고 분노하고, 그렇게 하고 있음을 자각하지 못하며 일희일비하며 사는 것이 우리의 삶입니다. 여러 기억들에 의해 연상된 개인적인 생각과 사회가 주입시킨 신념들로 물든 색안경을 낀 상태가 된다는 것인데, 이 색안경으로 사물을 보면 있는 그대로 보지 못합니다.

사람들과의 관계에서는 더욱 비참한 결말을 낳습니다. 관계마다 왜곡이 일어나서 갈등과 충돌을 일삼습니다. 사건마다 예단을 하고 억측하는 오염된 생각들은 갖가지 물감으로 더럽혀진 옷감과 같고, 탁한 연못과 같아져서 적대적으로 주장하고 언쟁합니다. 극한으로 가면 망상과 환각까지 동반되어 배우자를 의심하고, 무고한 사람을 죄인으로 단죄하기에 이릅니다.

분노 속의 두려움

두려워서 떠드는 에고

분노는 제대로 하지 못하는 자신과 똑바로 하지 못하는 사람들에 대한 짜증부터 맹렬한 분노까지, 모든 화를 포함합니다. 에고는 자신이 피해를 보았다고 느끼면 "그 사람이 그렇게만 안 했다면…" "대체 그 사람은 왜…"라며 타인을 비난하거나 "그때 왜 그렇게 바보같이 굴었을까?" "이렇게 했어야 됐어!"라고 스스로를 비난하며 이야기를 만들어 냅니다. 우리는 모두 마음속 깊은 데서 솟아나는 수치심과 분노 그리고 절망을 경험합니다. 이러한 분노의 중심에는 두려움이 도사리고 있습니다. 내면에서 이렇게 끊임없는 독백을 하고 있는 것은 두려움에 기초한 에고와 자신을 동일시하기 때문입니다. 우리는 자신의 두려움, 분노, 거기서 비롯된 절망이 너무도 겁나서 그것들이 보이지 않도록 정교한 방어 시스템을 만듭니다. 고통을 피하려고 음식, 약물, 술, 바쁜 일상, 인터넷, 텔레비전, 쇼핑 등 탐닉과 중독의 수렁 속에서 살게 됩니다. 누군가에게 평가받을 때 몸을 잘 관찰해 보면, 몸이 긴장하고 있음을 알게 됩니다. 두려움은 긴장성 두통, 호흡 곤란, 뻣뻣한 목, 위장 장애, 요통 등을 일으킵니다.

두려움을 피하고 두려움에서 벗어나려 애쓸수록 두려움은 더 크게 우리를 괴롭힙니다. 두려움과 직면하는 용기가 필요합니다. 두려움은 직장에서, 집에서, 친구들의 사소한 말 한마디에도 민감하게 반응합니다. 이때 상대방을 보지 말고 자신의 내면에서 일어나는 반응들을 바라볼 수 있어야 합니다. 중얼거리는 두려움의 이야기들을 자각하고 경청하면 중얼거림들은 슬며시 사라집니다. 에고가 지어내는 이야기들에 관심을 기울이고 경청하는 순간 내면의 소음이 조용해지기 시작합니다. 그러면 우리가 늘 함께하는

고요함으로 돌아갈 수 있습니다. 마치 구름이 걷히면 본래 푸른 하늘이 드러나듯이.

공황장애

불안은 누구나 경험하는 감정입니다. 불안이 엄습하면 큰일이 닥치거나 일어날 것으로 굳게 믿습니다. 그 믿음에 대한 검증을 해 보려 들지 않습니다. 치료의 첫 단계는 당신은 위험에 처해 있지 않고, 심장이 멈추거나 폐가 작동하지 않는 병도 없음을 확인시켜 주는 것입니다.

우리는 과거의 경험으로 세상을 봅니다. 과거의 경험을 통해 얻은 믿음으로 현재를 바라봅니다. 그 믿음이 바뀌기는 좀체 어렵습니다. 보통의 노력으로는 바뀌지 않습니다. 거의 무의식적인 작용이기 때문입니다.

사례   저는 공황장애를 앓고 있습니다. 어려서 무서운 아버지에게 자주 혼나고 엄마가 맞는 걸 숨죽여 지켜보아야 했지요. 울며 아버지에게 매달리다 내동댕이쳐진 경험이 저를 소리쳐 울지도 못하게 했습니다. 아버지가 저한테 자꾸 야단을 친

것은 제가 부족하고 밉상스럽기 때문이라고 믿었습니다. 학교에서는 친구들의 관심을 얻고자 무척 노력했습니다. 친구들의 눈치를 많이 살피고 그들의 기분에 민감하였습니다. 남자 친구들을 오래 사귀지 못하고 자주 바꾸었습니다. 그런 절 헤프다고 보는 친구도 있었지만 저는 제 자신이 능력 있다고 여겼습니다. 남자 친구가 저를 미워하기 전에 상대를 버리기를 반복했습니다.

그러다 한 남자를 깊게 사랑하면서 달라졌습니다. 그가 떠날 것을 두려워한 나머지, 울며 매달리고 남자의 직장으로 수시로 전화하곤 하였습니다. 그럴수록 남자는 저를 피하고 아예 만나 주려 하지 않았습니다. 이렇게 살 바엔 죽는 게 낫다 싶어서 자살을 시도해 응급실로 실려 갔지요. 거기서 정신과 치료를 권유받았어요.

그동안 나름대로 노력하며 살았지만 다들 절 싫어하며 떠나갔어요. 선생님, 제가 어떻게 행동해야 사람들의 마음에 들 수 있을까요?

치료자는 먼저 내담자 자신의 행동이 바뀌려면 내면의 상처가 치유되어야 함을 이해시킨 후, 다음에 불안이 일어날 때를 잘 살펴보도록 하였습니다. 주로 어떤 상황에서 일어나는지, 다음은 불안이 일어나는 상황들에 어떤 공통점이 있는지. 결국 그 공통분모에 자신의 잘못된 믿음이 있다는 것을 깨닫기까지 시간이 걸렸지만, 잘못된 믿음이 자신을 어떻게 지배하는지 알게 되자 그녀는 불안이 지나가도록 놔둘 수 있었습니다.

치유는 안에서 일어납니다. 겉을 다스리려는 모든 노력이 수포로 돌아간 후에야 사람들은 상담 치료를 받으러 오지만 말이죠.

두려움은 어디서 비롯되는가?

갓 태어난 어린아이들이나 한 살배기 아이들은 두려움이 없습니다. 허공으로 발을 내밀기도 하지요. 뜨거운 주전자도 거침없이 잡습니다. 모든 것은 호기심의 대상이지 결코 두려움의 대상이 아닙니다. 두려움의 발원지를 찾아보면, 두려움은 에고가 만든 것입니다.

살면서 일어나는 모든 고통이나 시련은 에고가 만드는 이야기들을 바라보고 깨우쳐 주려고 찾아온 것입니다. 고통을 없애려 애쓰고 저항하는 대신 시련에 귀 기울이는 법을 배우세요. 자신을 끊임없이 평가하는 일을 중지하면, 삶에 느긋해지며 삶을 즐기게 됩니다. 희로애락 그 자체가 더 이상 나의 평화를 해치지 않습니다.

갈등하는 에고에서 놓여나면 평안은 절로 드러납니다. 평안은 지금 여기에 있습니다. 본래 있었습니다. 고향을 놔두고 찾아다닐 필요도 없고, 그것을 알기 위해 자신을 고칠 필요도 없습니다. 인생의 무엇도 바꿀 필요가 없이 에고가 작동하는 모습을 깨어서 지켜보면 그뿐입니다. 에고가 내가 아님을 바라보며 지켜보면 에고는 도둑에 불과함을 알게 됩니다.

아, 그동안 도둑을 주인으로 섬겼구나!

사실 두려움은 우리가 관심 가져 주기만을 늘 기다려 온 애인과 같습니다. 두려움에게 머무를 공간을 주면, 우리 내면의 푸른 하늘로 감싸 주면 구름처럼 지나감을 봅니다. 천둥, 번개가 쳐도 허공에는 흔적 하나 남지 않습니다. 그러니 천둥이 치고 비가 내려도 모두 괜찮다고 자신을 다독입니다. 푸른 하늘은 언제나 함께 있어 왔으며, 지금도 우리 안에 존재합니다.

무의식에 저장된 두려움

살면서 겪은 경험들은 사라지지 않습니다. 기억 속에 그리고 기억보다 더 깊은 의식의 창고에 저장됩니다. 카르마라고 부릅니다. 산스크리트어로 karma라고 쓰는데 이는 업 또는 행위로 번역됩니다. 우리의 모든 행위가 무의식에 씨앗처럼 저장되었다가 후에 발현된다는 업보 사상은 현대의 심층심리학에서 말하는 것이기도 합니다.

어린 시절 겪은 두려움, 분노, 외로움, 거부당한 느낌, 소외감, 차별감 등은 사라지지 않고 마음속에 묻혀 있다가 우리도 알아차리지 못하는 가운데 삶에 영향을 끼칩니다. 이미 경험한 두려움이나 분노는 너무 고통스러워 다시 경험하기를 두려워합니다. 에고의 방어 기제가 발동하여 그것을 회피하거나 다른 시도를 통해 없애려 들면서 대면하지 못하게 그럴싸한 이야기를 만듭니다. 두려움으로부터 도망가 보려 했지만 두려움에 잡히고 말았고 두려움을 없애 보려 했지만 그럴수록 더 두려움이 확대됨을 경험합니다. 두려움을 치유할 수 있는 길은 두려움과 마주보는 것입니다.

두려움을 바라보는 방법

두려움을 제대로 바라보면 그것이 어린 시절에 주입된 이야기들로 이루어져 있으며, 더 이상 두려워할 게 아니라는 사실을 알게 될 것입니다. 두려움을 향해 마주 서는 법을 배우고, 그것을 없애려 하는 대신 두려움이 만드는 이야기에 호기심을 품게 되고,

두려움과 친구가 되기 시작합니다. 두려움에 떨고 있는 자신에 대한 연민이 생겨납니다.

분노나 두려움이 일어나면 거기에 기초한 이야기들에 빠져들지 말고 그 이야기에 귀를 기울입니다. 경청은 다른 사람의 이야기를 들을 때만 필요한 것이 아닙니다. 내 안의 이야기를 가슴으로 듣노라면 가슴에 치유의 에너지가 흐르게 됩니다. 고치려 하거나 판단하지 않고, 있는 그대로 대하는 따뜻한 관심은 고통으로부터 벗어나게 합니다. 숙고 명상으로 이를 풀어 볼까요?

돌아보기   눈을 감고 호흡을 바라봅니다. 얕게 호흡하고 있으면 내쉬는 숨에 이완하면서 깊고 느리게 숨을 쉽니다. 잠시 내가 겁을 먹고 있다는 사실을 알아차립니다. 깊은 두려움일수록, 그것을 알아차리고 한 걸음 더 다가섭니다. 두려움은 겁내고 도망가면 더욱 힘이 세져서 호랑이처럼 덮칩니다. 오히려 두려움은 친구가 필요합니다. 따스하게 안아 주세요.

두려움에 숨은 욕망

사례 저는 학대와 체벌을 받으며 자라났습니다. 그래서 제가 존경
받으려면 강해야 한다고 믿었습니다. 아내가 조금만 다른 의
견을 내도 아내에게 화를 냈고 제게 순종하지 않으면 구타하
였습니다. 권위와 존경을 폭력으로 착각한 것입니다. 가장은
두려운 존재여야 한다고 생각하여 권위적인 태도로 가족들
을 지배하려 들었습니다. 가족들이 두려움에 떨 때 묘한 만
족감과 희열을 느끼며 폭력에 중독되어 갔습니다.

과거 제 자신이 자랄 때 받은 습관을 대물림하여 반복하고
있음을 깨닫기까지 수많은 시간과 가족의 고통 그리고 가족
의 항거가 필요했습니다. 그토록 싫어한 아버지의 체벌과 훈
계, 어머니에게 가해졌던 폭력을 제가 아내와 자식들에게 반
복하고 있다는 것을 때때로 알면서도 말입니다. 존중받는다
는 것이 두려움에 의해 만들어진 허상임을 깨닫기까지 저는
혹독한 대가를 치러야 했습니다. 아이들이 장성하여 반항하
고, 아내가 이혼을 결심했습니다. 저는 심리 상담을 몇 차례
받고서야 깨달을 수 있었습니다. 아버지에 대한 두려움을 가
족들에게 다시 심어 줌으로써 얻은 것은 존경과 권위가 아니
라 증오와 원망뿐이라는 사실을요.

반복되는 습관은 이처럼 무의식적입니다. 그 이유와 의미를 깨닫기 전에는 반복되는 습관은 고쳐지지 않습니다. 그는 이제 더 이상 두려움과 존경을 혼동하지 않습니다. 더 이상 힘으로 가족들을 지배하려 들지도 않습니다. 겸허히 자신을 돌아보고 있는 그대로 살고자 합니다. 그러자 가정에 웃음이 깃들기 시작했고 가족들이 기탄없이 자기 생각을 말하기 시작하였습니다. 그래도 그는 자존심 상해하지 않고 받아들일 수 있게 된 자신에 대해 흐뭇해합니다.

대화의 소통이 이루어지고 나서야 따뜻한 감정의 교류가 일어났습니다. 이제는 집안에 부드러운 기운이 감돌고 어둡고 삭막하던 가정에 활기가 넘친다고 합니다. 마치 물길이 막혀 메마르고 황무지가 된 논밭에 물꼬가 트여 점점 물이 차고 농작물이 푸름과 풍요로움으로 윤기를 더하는 것처럼, 비옥한 밭으로 변한 것입니다.

불안과 두려움의 관계

불안은 막연합니다. 두려움이나 공포는 불안보다 구체적이어서 물에 대한 공포나 폐쇄된 공간에 대한 공포 등 두려움의 대상이 뚜렷합니다. 불안증은 늘 불안하고 긴장하여 공부도 힘들고 친구들도 사귀기 어렵다고 호소하는 학생부터, 모든 게 불안하여 잠을 잘 수 없고 눈만 뜨면 불안하여 학생들에게도 괜히 화를 내고 동료와도 사소한 일로 충돌하게 된다는 교사에게까지 다양하게 나타납니다.

명상 치료를 받은 내담자는 호흡 명상을 통해 극도의 불안이 줄어듦을 보고 좋아하지만 곧 아픈 상처를 회상하자마자 다시 불안을 느낍니다. 이때 치료자는 명상 속에서 숙고를 안내합니다. 불안을 없애려 들지 말고, 두려워도 말고 불안을 경험하고 바라보기를 권합니다. 그리고 불안의 시작이 어떻게 시작되었는지를 보라고 권합니다. 어떤 생각이 스친 후 불안이 일어났음을 알게 된 내담자에게 그 생각들을 좀 더 살펴보기를 권합니다.

생각들이 어떤 내용인지 보면 부정적인 내용들이 대부분임을 알게 됩니다. 불안은 실패에 대한 두려움이라는 걸 자각하게 되고, 상대방의 거절에 대한 두려움이라는 걸 깨닫게 됩니다. 상대방의 사랑을 잃고 비난받을까 봐 두려워 늘 긴장하게 되었음을 자각합니다. 이것은 모두 연상을 통해서 이루어집니다. 좀 더 떠올려 보게 하면 시험에 대한 실패로 부모한테서 비난받은 데 대한 아픔, 믿었던 사람에게 배신당한 아픔 등을 떠올립니다. 이처럼 상처받은 사건과 그때 겪은 아픈 감정과 분노, 원망 등의 파생된 감정 등이 다시는 그런 상황을 겪고 싶지 않다는 생각을 일으키고 결국 실패가 예견되는 상황이 되면 불안이 발생함을 알고 보게 됩니다.

불안이란 고통은 명상으로 마음을 집중하고 고요히 가라앉히면 경감되나, 명상을 마치면 고통스러운 현실 앞에 엄존합니다. 다시 엄습하는 불안을 근본적으로 끊는 방법은 숙고 명상을 통해 불안의 뿌리를 만나고 그 뿌리 상황으로부터 연이어 삶 속에서 장애를 받은 과정을 낱낱이 통찰하여 불안이 근본적으로 해결됨을 경험하는 것입니다. 이와 같은 경험을 통한 앎을 심리 치료에서는 통찰이라 합니다. 이것은 지식적 앎, 간접적 지식이 아닌 직접적 앎, 곧 깨달음입니다. 이 통찰에 이른 환자는 이제 불안의 상황이 와도 몸은 습관적으로 반응하지만 이내 마음을 평정시킬 수 있게 됩니다.

의지만으로 해결되지 않는다

자살 충동

내 마음은 타고나서 어쩔 수 없고, 바꿀 수 없다고 결론 내리고 변화의 노력을 하지 않는다면 현재보다 나은 삶은 없을 것입니다. 타고난 팔자나 운명에 의해 이미 결정된 삶이라면 굳이 노력할 필요도 공부할 필요도 없습니다. 나 자신을 스스로 고정된 틀을 부여하여 안주하면 성향이 되고 고집이 됩니다. 그러나 그 틀을 깨고 항상 열린 마음으로 매 순간 살아가는 사람은 그 마음이 물과 같고 허공과 같다 할 것입니다. 어떠한 그릇에도 그 모양으로 수순하게 담기는 물. 어떤 물건도 수용하는 허공. 마음은 자유로이 넓힐 수도 좁힐 수도 있습니다. 마음을 강퍅하게 쓰면 좁아지고 마음을 너그럽게 쓰면 한없이 넓어집니다. 마음이 사람에 따라 각각 다른 모양을 취하는 것도 마음이 한없이 변할 수 있다는 증거입니다.

단순한 연상으로는 피상적이고 단편적 기억만이 떠올라 감정이 드러나지 않습니다. 꿈에 대한 연상을 통하여 점점 의식의 깊은 곳에 눌려 있는 기억과 감정들이 떠오르면 의식은 성장하기 시작합니다.

사실은 죽고 싶은 게 아니라 벗어나고 싶은 사람들

하루는 자살 충동에 시달리는 중년 여인이 필자의 상담실을 찾아왔습니다. 하루에도 수없이 죽고 싶단 생각으로 견딜 수 없다는 것입니다. 아이들만 아니면 죽을 수 있겠는데 아직 어린 아이들이 눈에 밟힌다고 했습니다. 정신병원 신세는 죽기보다 더 싫었지만 전문가의 도움을 받지 않을 수 없다는 점을 인정하고 치료를 시작했습니다. 하지만 자신의 마음이나 생각을 스스로 통제하지 못하고 약이나 남의 조언에 의지한다는 게 너무나 속상하다고 했습니다. 고통스러우니 매달려 볼 수밖에 없지만 전적으로 매달리려다가도 회의가 일고 이 핑계, 저 핑계가 생각난다고 고백했습니다.

사실 여기서 죽고 싶다는 생각 자체는 그리 중요하지 않습니다. 녹음기처럼 되풀이되는 생각의 메아리에 불과하니까요. 정말 그녀가 죽고 싶어 하는 이유는 어렵고 힘든 현실을 벗어나고 싶은 마음 때문입니다. 사실은 죽고 싶은 것이 아니라 괴로운 현실에서 벗어나고 싶은 것이지요. 자살 충동을 하루에도 수십 번, 수백 번 겪다 보니 죽어야만 자살 충동에서 벗어날 수 있을 것으로 생각하지만 사실은 좀 더 행복하게 살고 싶은 겁니다.

이런 경우 생각에 초점을 맞추다가는 증상의 흐름에 압도됩니다. 증상과 무관하게, 치료자는 그녀의 괴로운 감정에 초점을 맞추었습니다. 충동이 50회 일어나든 500회 일어나든, 어떤 마음 상태에서 충동이 일어나는지 보도록 하였습니다. 지금까지 겪은 분노와 좌절감, 지금까지 받은 모욕, 모멸감…. 치료 시간에 이러한 어려움들을 모두 연상하여 분명히 보게 하는 동안 환자분은 자살 충동이 줄고 부정적 생각에서 조금씩 벗어나기 시작하였습니다. 상담 도중에 만난 수많은 난관과 장애물을 통과하였다는 자긍심은 그녀가 세상의 어려움을 헤쳐 나가는 추진력을 제공할 것입니다.

좌선 중 저려 오고 뒤틀리고 쑤시고 저미는 통증을 잘 극복한 수행자도 마음의 어려움을 똑같은 방식으로 극복할 수 있습니다. 꾀를 피우고 통증을 피하다 보면 영원히 고통을 극복할 수 없습니다. 그림자처럼 따라붙기 때문입니다. 고통은 밀물처럼 왔다가 썰물처럼 가 버리는 것일 뿐 영원히 지속되는 것이 아닌데도 순간의 통증을 겁내는 사람에겐 지루하고 멀고 끝이 없는 통증입니다. 그래서 피하는 길만 선택하지요. 조금 더 지켜보면 시작과 달리 중간에 변화가 오고 마지막에 사라집니다. 이를 체험하는 수행자에겐 앉는 시간을 30분에서 1시간, 2시간으로 늘려도 두렵지 않습니다. 통증이 오면 통증을 분명히 주시할 뿐 통증에 매이지 않게 됩니다. 이는 삶 속에서 닥치는 고난들에도 그대로 적용됩니다.

함께하지도, 멀리하지도 말고 바라볼 것

탐욕

탐욕은 감각적 쾌락을 추구하는 것을 말합니다. 욕망과 함께하여 애착에 결박됨을 '탐욕과 함께한다.'라고 하고 욕망에 사로잡히지 않아 대상을 추구하거나 소유하지 않아 애착의 결박에서 벗어나 사는 삶을 '홀로 지내는 삶'이라 합니다. 마음의 고통은 대부분 채워지지 않은 욕망에서 기인합니다. 해결 방법은 무엇일까요? 욕구를 충족시키는 것도 아니고 좌절시키는 것도 아닙니다. 쾌락 추구도 행복을 가져오지 않고 금욕도 동일합니다. 명상은 욕구를 바라보라 합니다. 그 결과 욕구가 절제됩니다. 욕구의 절제는 금욕도 아니고 쾌락도 아닙니다. 절제하는 아름다움이 있을 뿐. 욕망의 불길에 데지도 않고 금욕의 고통으로 에너지 소모도 하지 않습니다. 자연스럽되 야생이 아닌, 잘 다스려지고 가꿔진 마음입니다.

　욕구를 억압하려 들거나 무한 리필하려 들지 말고 반응을 멈추고 그저 욕구가 일어남을 바라보고 알아차리는 것이 명상입니다. 욕구에 대한 반응(억제나 충족) 대신, 보고 알아차리는 것이고, 고요히 비추어 봄(관조)입니다. 포장된 욕망을 성찰해야 깨달음이 옵니다. 깨달으면 변화가 일어납니다. 내면에서 욕망과 분노가 일어남을 인정해야 진정한 자각이 일어납니다. 참음이나 용서로 포장된 분노는 병이 됩니다.

돌아보기　눈을 감고 호흡을 바라봅니다. 내쉴 때마다 긴장을 풉니다. 내가 현재 이루고 싶은 바람이 무엇인지 돌아봅니다.
　　충족되지 않은 바람들이 생각 속에 숨어 있음을 알아차린다면 훌륭한 욕구 성찰입니다. 무언가를 바라는 마음의 속성을 욕심이라 하지요. 욕심이 귀에 거슬린다면 '욕구'라 해도 좋습니다. 이제, 그 욕구들을 좀 더 세밀하게 바라봅니다.

어떤 욕구인가요? 물질적인 것과 신체적인 것과 정신적인 것들이 다 포함되는군요. 먹는 것, 성적인 환상, 인정받고자 하는 마음, 보여 주고자 하는 마음, 보복하고 싶은 마음 등등. 무엇이든 원하는 마음은 욕구에 속하군요.

욕구는 나쁜 건가요? 자문해 봅니다. 그렇습니다, 욕구는 나쁜 게 아닙니다. 필요한 것이지요. 먹고 싶고 마시고 싶고 듣고 싶고 만지고 싶고…. 삶에 욕구는 필수적입니다. 이것을 나쁘다고 할 수 있나요?

규정하고 억누르면 금욕이 됩니다. 욕구를 억압하는 것이지요. 완전한 금욕이 가능한가요?

마음의 또 다른 속성은 억압하면 그 이상으로 반발하지 않나요?

최소한의 욕구 충족이라며 마음이 변명하려 들지 않나요?

이런 마음들을 있는 그대로 바라보고 알아차립니다. 마음(오욕)을 조절하려 말고 알아차리는 거지요. 욕망을 투사하고 있음을 알아차리세요. 자기 것을 인정하지 못하고 남의 문제로 탓하고 있음을 보세요, 그럴듯하게 자기 합리화하고 있음을 알아차립니다.

쾌락 리스트를 적어 봅니다. 미녀(미남)/먹을거리/오락/관계
에서 유쾌함을 주는 것들을 적어 봅니다.

공통점이 무엇인가요? 시간이 지나면 강도가 높아져야 같은
수준의 쾌감을 유지할 수 있군요.

쾌란 언제나 만족할 줄 모르고 더 많은 걸 요구하여 왔음을
봅니다. 돈, 명예, 음식, 집, 성…. 모든 영역에서 쾌의 본질은
만족을 모르고 더 많은 걸 원하는군요. 생각 속에 쾌, 불쾌가
있네요. 우리가 느끼는 행복은 생각으로 일어난 조건적 행복
이군요.

다양한 모습의 집착을 보아야 벗어날 수 있다

집착

우리가 흔히 쓰는 말에 집착이 있습니다. '집착을 버려라. 집착
을 내려놓으라.'라고들 하는데 집착은 구체적으로 무엇일까요?

무언가가 좋다고 느끼면 그것에 대해 가지려 들고 놓지 않으려
하는 경향이 우리에겐 있습니다. 대표적인 대상에 재물, 명성, 연
인, 자식, 부모 형제, 반려동물 등이 있습니다. 이외에도 어떤 견해
나 신념, 가치관 등에도 필사적으로 매달리고 자신을 가두고 제한
하여 속박으로 이끄는 경우 집착이라고 말합니다.

역시 싫어하는 대상에도 집착이 있습니다. 지극히 혐오하여 꼴도 보기 싫고 같이 있기 싫고, 자신 안에 있는 것을 용납하지 못하는 것도 강한 집착입니다. 자동차를 타고 가다 중앙선을 침범하여 덮쳐오는 차를 보고 '어이쿠, 죽었구나.'라는 공포감을 느끼고 의식을 잃은 사람이라면, 다행히 큰 상처 없이 몸이 회복되어도 마음에는 그 끔찍한 장면이 계속 떠오르면서 차를 탈 수 없고 바깥 출입도 어려워집니다. 잠들어도 사고의 악몽에 시달리고 차만 보아도 가슴이 뛰고 불안합니다. 이처럼 마음은 트라우마를 얻으면 몸보다 더 오랫동안 고통을 겪게 됩니다. 모든 것에서 자유롭기 위해서는 집착으로부터 자유로워져야 합니다. 좋아하고 싫어하는 집착에서 떠나려면 삶에서 깨어 있는 의식으로 살지 못하게 막고 있는 자신의 집착을 보아야 합니다.

'집착하지 말라.'라는 말, 알면서도 참 실천하기 어려운 말입니다. 좋아하면 가까이 두고 싶고, 가까이 두면 더 좋아지곤 합니다. 풍족하면 몸이 편하고 즉각적인 행복을 얻곤 합니다.

새로운 관점을 받아들이지 않으면 당장 나 혼자 살기에는 그저 편할 테지요. 우리는 나와 다른 생각을 받아들이지 못하고 내 생각만 옳다고 우기곤 합니다. 하지만 이 견해에 대한 고집과 신념에 대한 집착은 나를 이롭게 하는 것이 아님을, 나를 갉아먹고 고립시키고 정체하게 만드는 것임을 깨닫습니다. '상대를 이해하지 못하면

존중하면 된다.'라는 생각만으로도 마음이 훨씬 가벼워지고 살아
가는 것도 훨씬 유연해짐을 느낍니다. 싫은 것에 덜 얽매이니 좋
은 것에도 애착이 덜 갑니다. 호불호가 명확한 것이 좋은 것이라
여기며 살았지만 옳고 그름을 분별하고 있음을 자각하면서 시비,
다툼에서 편해지고, 좋고 싫은 것에서 떠날수록 삶도 훨씬 자유롭
고 넓어짐을 느낍니다.

사례   친한 형의 어머니가 돌아가셨어요. 형이 한 달 넘게 출근하
지 않아 집으로 찾아갔더니 형은 슬픔에 여전히 깊게 잠겨
있더군요.

"아버지가 일찍 돌아가셔서 어머니가 혼자 우리 5남매를 힘
들게 키우셨어. 때로는 연탄을 나르고 때로는 행상을 하고,
파출부도 하며 셋방을 전전했지. 돈 벌어 함께 행복하게 사
는 게 소원이셨는데… 겨우 집 하나 장만해서 함께 산 지 1
년 만에 돌아가셨어. 어머닌 더 즐기고 오래 사셨어야 해. 내
가 즐거워하고 기뻐하면 어머니에게 죄를 짓는 기분이야. 감
사도 모르고 은혜도 모르는 불효자식이 되는 것 같아. 부모
는 자식이 먼저 죽으면 슬퍼하고 평생 불행해하잖아."

이렇게 비통에 잠겨 일상으로 돌아오지 못하는 형에게 나는
"그만 털고 일어나." 하고 권했습니다. 그러자 형은 불같이

화를 냈습니다.

"어떻게 내가 행복할 수가 있어?"

신념에 붙들려 사는 삶은 이와 같습니다. 아이들은 예쁜 장난감을 내 것이라 고집하며 뺏기지 않으려 합니다. 그걸 가지고 울고불고 합니다. 성인들도 마찬가지입니다. 아이들이 장난감을 가지고 우기고 떼쓰는 행동이 유치하다고 느끼면서 정작 자신이 그렇게 하고 있음은 자각하지 못하고 있습니다. 삶의 현장에서, 정치판에서 그리 하고 있음을 보십시오. 하찮지 않습니까? 붓다는 "모든 것은 내 것이 아니므로 모든 것을 내려놓으라." 합니다. 버리기 위해서는 집착하고 있음을 보아야 합니다. 좋은 생각들은 내 것이라 여기고 좋지 않은 생각들은 내 것이 아니라고 부정하고 배척하고 있음을 보세요.

생각들은 뇌신경 화학적 기능의 소산물이고, 경험들이 뉴런에 저장되어 서로 가지를 뻗어 연결되어 정보를 교환하며 생긴 산물입니다. 이것을 내 것이라고 할 수 있을까요?

신념이 불화를 낳는다

좋건 싫건 어떤 신념에 사로잡히면 삶을 제대로 살 수 없습니다. 이는 마치 자전거를 타고 가는 게 아니라, 자전거를 메고 가는 것과 같습니다. 하나의 신념을 벗어나면 다른 신념으로 대응하곤 합니다. 생각들과 신념으로 덮인 채 살아가면 삶을 온전히 경험할 수 없습니다. 신념은 필요시 사용하되 지배당하지 말아야 합니다.

한 번은 이혼 직전의 부부가 상담실로 찾아왔습니다. 옳고 그름을 따지는 이성적인 남편과 옳고 그름보다 감정에 충실한 아내. 그들은 사사건건 충돌하는 탓에 함께 살 수 없다고 하였습니다. 남편은 논리적으로 따지며 자신이 옳다고 주장하고 아내는 그렇게는 숨이 막혀 살지 못하겠다고 말했습니다. 한쪽은 자신과 의견이 다른 것을 거부로 받아들이고 한쪽은 너무 따진다고 불평합니다.

그러나 그들은 처음에는 상대의 장점에 끌려 구애하였습니다. 자신의 부족한 면을 상대가 가지고 있다는 데 대해 찬사를 보내고 상대가 자신의 결핍을 메워 주리라 기대하여 결혼하였지요. 하지만 매사에 취향이 달라 부딪치며 자신들이 잘못 맺어졌다고 후회하였습니다.

하지만 이렇게 서로 다른 면들이 잘못이 아니라, 거부하는 것이 잘못된 태도입니다. 이를 인정하기란 쉽지 않습니다. 사람은 똑같을 수 없습니다. 상대는 지금 나를 거부하는 게 아니라 자기의 의견을 제시한 것입니다. '나는 이러지 못하는데 저 사람은 쉽게 하는구나.' 하고 서로의 차이에 대해 화를 낼 것이 아니라 조화를 이루어야겠다는 자각에 도달하면서, 상담 초기에 얼굴 붉히며 자존심만 내세우던 이 부부는 상대의 이야기를 허용하고 들어 주는 태도로 변하기 시작하였습니다. 논쟁이 줄고 상대를 수용하고 인정하게 되었습니다. 흑과 백만 주장하던 남편도 회색을 더 이상 비겁하다고 비난하지 않게 되었습니다. 회색도 훌륭한 색 가운데 하나임을 인정하게 된 것입니다. 그러자 두 사람은 훨씬 여유로워졌고 감정도 부드러워졌습니다. 웬만한 일로 자존심 상해하지 않고 조그마한 일에 감사하기 시작했습니다.

이러한 변화는 남편의 마음속에 웅크리고 있던, 지배하고자 하는 성향을 분명히 알게 되면서 가능했습니다. 그는 아내를 자신의 신념으로 지배하려 하지 않고 아내의 자유분방함을 인정할 수 있게 되었습니다. 상대를 인정하는 것이 결코 비겁함도 아니고 타협도 아님을 알게 되자 마음이 편해진 것입니다. 이렇게 서로 마음의 벽을 쌓고 고립을 자초한 사람들이 벽을 허물고 문을 열어 상대를 영접하게 되었습니다.

소통 없이 단절된 고립은 모든 노이로제와 분쟁의 원천입니다.

공감하고 받아들임은 사람을 변화시키고 관계를 복원시킵니다.

여러분 안의 신념들에 자신이 결박되어 있음을 보십시오. 많은 신념들은 어디서 온 건가요?

모두 주입된 신념임을 봅니다. 거기에 오랫동안 적응되어 신념들이 나를 지배하고 있음을 자각해 보십시오.

불만

불만은 만족할 줄 모르는 미세한 욕망입니다. 불만은 기대했던 욕구와 관련이 있습니다. 인정받고 싶고 칭찬받고 싶은 욕구, 존중받고 싶고 사랑받고 싶은 욕구가 충족되지 않으면 불만이 생겨납니다.

불만이란 항상 현재에 만족하지 못하고 이 순간을 받아들이지 못하는 상태입니다. '아니야.' '이게 아닌데.'라고 거부하는 것입니다. 마음은 늘 좀 더 많은 것을 원합니다. 그런데 채우고 채워도 만족하지 못하는 게 마음의 속성입니다. 좀 더 깊이 바라보면, 불만의 밑바닥에 있는 거부를 발견하게 될 것입니다.

예를 들면 주변이 바라는 대로 또는 윤리적 종교적 가르침에 따라 친절한 사람이 되려면, 어떤 분노의 감정도 허용해서는 안 됩니다. 가면(융이 말한 외적 인격으로서 페르소나)으로서 '친절한' 성격을 발달시키기 위해 속에 있는 분노를 숨기려 애를 써야 합니다. 외로움을 거부하면 더욱 비참합니다. 온갖 노력을 들여 관계를 유지하려고 애쓰게 됩니다. 폭력을 휘두르는 배우자를 떠나지 못하고, 원망하면서도 매달리는 행동을 하는 것도 외로움을 피하려 하기 때문입니다. 종교인들 가운데 '나는 행복하다.'고 자처하는 사람들을 보면 모든 부정적 감정들—분노, 질투, 외로움 등—을 거부하고 있습니다. 주변의 기대와 사회가 요구하는 것을 따르려고 하면 할수록 진정한 자신으로부터 더욱 멀어지게 됩니다. 그로 인해 더욱더 불만족스러운 상태가 됩니다. 이것이 살면서 느끼는 무의미함–내적 공허감입니다.

이 공허함을 채우기 위해 늘 새로운 자극을 찾고 새로운 대상을 찾아 헤매지만 충족감을 느끼지 못합니다. 우리의 진정한 고향으로부터 멀리 떨어져 나왔기 때문입니다. 이것이 '탕자의 비유'이고 '거지 왕자'의 모티브입니다. 정신분석에서는 부정이나 억압이란 방어 기제입니다. 바람직하지 않은 욕망이나 감정을 내 것이 아니라고 부정하거나 무의식의 창고 깊숙이 숨겨서 자신을 보호하려 하지만 진정한 해결책이 되지 못합니다.

여기 외동아들이 있습니다. 부모는 아이의 생일마다 갖고 싶은

물건을 사 주었지요. 그런데 어느 해에는 아이가 원하는 물건을 사
지 못했습니다. 부모는 다음에 사 주마 하고 다른 선물을 줍니다.
아들은 이해할까요? 왜 못 샀느냐고 불만을 토로합니다. 받음을 당
연시하고 받지 않은 것에 대해 불만을 품지요. 부모님이 자전거를
사 주셨는데, 아이는 가격표를 보고도 불만을 표합니다.

"내 친구는 얼마짜리 타는데 … 이런 싸구려 자전거를 창피하
게 어떻게 타?"

부모님의 성의와 노고는 볼 줄 모르고 더 받지 못하고 더 좋은
걸 갖지 못했다며 원망하지요. 커서 이 일을 두고두고 후회할 것
을 모르는 채로 말이지요. 이를 숙고 명상으로 풀어 볼까요?

돌아보기   삶을 돌아보는 시간을 가져 보십시오. 지금부터 과거로 기억
을 거슬러 돌아갑니다. 또는 어려서부터 지금까지의 삶을 돌
아봅니다.

에고가 늘 불평불만을 토해 내고 있음을 봅니다. 불만을 정
당화하는 주장으로 밖에다 책임을 전가하였음을 봅니다. 모
든 것을 당연시하고 감사할 줄 모름을 자각합니다.

삶의 모든 측면을 돌아봅니다. 공부, 직장, 외모, 대인관계, 배
우자와 관계, 자녀와 관계 등, 모든 면에서 이 불만을 봅니다.
이 불만을 자각합니다. 불만이 쉴 수 없게 만들고 실패를 허

용하지 못했음을 봅니다. 실패는 없애야 할 게 아닌 성공이
라는 목적지에 이르는 중간 역들임을 자각하고 용납합니다.

중독

사람들은 괴로울 때 술이나 마약으로 자신을 달래고 진정시키
려 듭니다. 불안할 때 화를 터뜨림으로서 쾌감을 느끼는 사람들도
있습니다. 감정이 상하면 오래 참지 않고 분노를 폭발함으로써 자
신이 강하다고 믿습니다. 상대가 내 마음대로 안 될 때 자신의 강
함을 보여 주려 화를 내나 그때가 그의 가장 약함을 알 수 있는 때
입니다. 무력감, 불안감이 분노로 표현되고 있다는 것을 알기 위
해서는 깊은 성찰이 필요합니다. 어린 시절부터 의지할 만한 대상
이 없는 불우한 환경, 돌보지 않는 부모 밑에서 자란 사람들은 분
노에 중독되어 폭력을 행사하기 일쑤고 알코올중독이 되기 쉽습
니다. 치료를 통해 진실로 믿을 만한 사람을 만나는 것이 중요합
니다. 내가 의지할 만한 사람이 있고 내가 화를 내어도 싫어하지
않고 들어 주는 사람이 있음을 깨닫는 것이 중요합니다. 물질에
중독되지 않고 분노에 중독되지 않고도 행복할 수 있음을 체험하
면 점점 자유로운 사람, 온화한 사람이 됩니다.

알코올에 의존하는 사람은 대개 자신에게 갇혀 있습니다. 자신의 문제를 술로 덮어 버리고 자신을 점점 고립시킵니다. 자신의 아픈 상처, 감정을 보고 싶지 않아 합니다. 심리 치료는 그런 감정들이 깊은 곳에서 솟아나게 도와줍니다. 감정이 살아나면 고립된 관계도 열리게 됩니다. 사람을 대하는 게 보다 편해집니다. 서로 관계를 맺고 소통하며 지내는 열린 마음이 되면 병은 스스로 치유되기 시작합니다. 마치 물이 공기와 햇볕과 만나면 정화되는 것처럼. 치유적 만남은 소중합니다. 자신의 감정을 나누고 다른 사람의 감정도 받아들이는 진정한 관계를 맺기 시작하면서 각종 중독으로부터 벗어납니다. 진정한 관계를 통해 경험하는 친밀함, 신뢰감, 인정받는 느낌만큼 자신을 감싸 주는 것은 없다는 것을 깨닫습니다. 술로 맛보는 쾌감과 비교할 수 없다는 걸 체험하면 술의 노예 상태에서 벗어나게 됩니다. 중독이 성장을 막고 오히려 저해한다면 진정한 사랑은 태양처럼 대지처럼 인간을 성장시키고 고양시키는 법입니다.

사례   저는 흔히 말하는 워크홀릭이었습니다. 밤늦게까지 일하고 일요일에도 출근하는 직장인이었습니다. 아내의 불만이 극에 달해 파경 직전에야 상담실을 찾았습니다. 저는 어려서 엄한 아버지에게서 야단을 듣고 매를 맞은 기억이 있습니다.

잘했다는 칭찬 한마디 들은 적 없고 사랑한단 말 한마디 들은 적 없습니다. 아버지에 대한 분노는 아버지에게 뭔가를 보여 줘야 한다는 마음으로 변해 학창시절에는 공부에 몰두하였습니다. 아버지를 이기기 위해서 공부하고 아버지보다 낫다는 것을 증명하기 위해 일했던 것입니다. 이를 통찰하게 되자 저는 더 이상 일에 매달리지 않고도 불안해하지 않게 되었습니다. 아버지처럼 화를 내지 않고도 강한 사람이 될 수 있다는 걸 깨달았습니다.

사례 저는 종교에만 매달렸습니다. 종교에 대한 지식도 해박해 누구와도 진지한 토론을 벌이며 밤새 제 견해를 피력할 줄도 알았습니다. 저는 자신을 공평한 토론자라 생각했지만 내면의 진실은 달랐습니다. 종교에 대한 해박한 지식을 자랑하여 칭찬받고 싶은 욕구가 있었습니다. 사람들이 저를 따르기를 무의식중에 바랐습니다. 여자 친구를 사귀면서 자꾸 부딪치자 여자 친구의 권유로 상담실을 찾았습니다. 전 사실 자신의 마음속에 불안, 분노, 욕구를 대면하기 힘들어했고 심리치료를 경멸하였습니다. 신앙으로 모든 마음의 문제를 해결할 수 있다는 생각에 처음에는 상담에 저항했습니다. 이렇게 자신의 감정을 내놓기를 두려워한 배경에는 아버지와의 경쟁심, 아버지에 대한 분노가 작용하고 있음을 알기 시작하면서, 저도 바뀌기 시작하였습니다. 종교적 이론과 종교적 의식에 철저하였던 것은 사실은 제 감정을 은폐하고 자신의 상처를 보호하기 위한 노력이었음을 드디어 깨닫게 되었습니다.

통증을 진정시키는 강력한 마약, 진통제가 있습니다. 통증을 느낄 때마다 한 번씩 맞다 보면 어느새 중독이 됩니다. 통증을 견디는 힘이 점점 약해지고 신속히 통증에서 벗어나기 위해 용량을 늘리게 되고 횟수가 잦아지는 것입니다. 많은 사람들이 종교를 마약처럼 사용합니다. 종교를 마약처럼 사용하는 율법학자들은 자신이 가장 옳고 진정한 신앙인이라 주장했지만 예수는 우상 숭배자라 비판하였습니다. 외부의 상징물이 우상이 아니라 마음속 숭배 대상이 우상임을 통박하셨지만 우리는 아직도 깨닫지 못하고 있습니다.

완벽주의

사랑을 잃어버릴까 봐, 사랑받지 못할까 봐 두려워하여 우리는 완벽주의자가 됩니다. 어린 노인이랄까요(필자도 어린 시절 '애늙은이'라는 별명을 얻었습니다). 조숙하고 완벽한 모습 뒤에는 사랑받지 못할까 두려워하는 마음이 도사리고 있습니다. 성장하기 위해서는 내면을 들여다보아야 합니다. 그 작업은 쉽지 않습니다. 자신의 모습을 대면하는 일은 두렵기 때문입니다.

사례 저는 어린 시절의 모든 걸 비밀로 삼고 입에 담기를 꺼려했습니다. 학교에서 집에 돌아오면 어머니는 없고 아버지는 술에 곯아떨어져 있거나 술을 마시면서 엄마를 비난하고 언니, 동생을 야단치곤 했거든요. 전 아버지에 대한 기억을 잘 떠올리지 못했습니다. 어린 시절의 아픈 기억은 떠올리고 싶지 않았나 봐요. 그래서 의식의 깊은 층에 저장해 두려 했습니다. 이는 꿈을 통해 조금씩 나타나기 시작했습니다. 그리하여 어려서 받은 상처를 차츰 말할 수 있게 되었습니다. 고통스러운 작업이지만, 또 내놓기 부끄러운 기억이지만 현재보다 더 불행해지지 않기 위해서 말하기로 결심했어요.

어린 시절의 아픔(성추행)은 그녀의 잘못이 아니고 누구라도 그런 처지였다면 그럴 수밖에 없었을 것이라는 사실을 깨닫습니다. 유아들은 자라면서 성적 호기심으로 장난칠 수 있다는 것, 그리 수치스럽게 생각할 일은 아니라는 것, 그것이 치명적 결점도 아니라는 것 등을 깨닫기까지 상당한 시간이 필요했습니다. 그녀는 더 이상 어린 시절을 창피하게 생각하지 않습니다. 결점을 드러내지 않으려고 전처럼 덮어 버리려 하지 않습니다. 변한 것입니다. 자신을 두렵게 만든 어린 시절들을 이해하기 시작한 후 일어난 변화입니다. 삶을 변화시키는 것이 곧 구원입니다. 변화를 시도하려는 사람은 용기 있는 사람입니다.

7
문제를 인정하기

문제를 알되 잘못 진단하면 고생만 합니다. 예를 들면 민간요법, 종교적, 주술적 치료로 병을 고치려 한다면 말입니다. 마음의 문제는 엉킨 실타래를 풀듯이 차근차근 풀어야 합니다. 가위로 잘라 버린다고 해결되지 않듯이 심리치료를 통해 자신의 마음에 켜켜이 쌓인 감정의 상처 덩어리들을 녹여 내야 합니다. 문제를 올바르게 이해해야 문제가 풀립니다.

많은 사람들은 문제가 닥치면 이를 인정하지 않고 덮어 버리는 방식을 택하곤 합니다. 아니면 '이 문제는 내 문제가 아니라 네 문제'라고 투사합니다. 밖으로 던져 버린 문제는 해결될 길이 없습니다. 문제를 문제로 알고 고치려는 노력을 하는 사람에겐 길이 보입니다. 스스로 문제를 자각하는 것이 문제 해결의 절반인 셈입니다. 문제를 자각하지 못함은 문제를 해결할 수 없음과 같습니다. 문제를 문제로 자각한다는 것, 문제를 올바로 이해하는 것은 해결의 나침반이 됩니다. 올바른 노력을 경주하여 해결의 완성에 도달합니다. 노력 없이 힘들이지 않고 해결되기를 기약할 수 없습니다. 바른 노력에 의해 고통은 행복으로 전환됩니다.

간절한 바람과 노력하면 된다는 확고한 믿음은 올바른 노력을 할 수 있는 추진력을 제공합니다. 아무리 힘들어도 고통을 해결할 수 있다면 노력하게 됩니다. 믿음이 없으면 회의와 자기 변명, 합리화에 넘어가게 됩니다. 절망하고 중도 포기하게 됩니다. 바로 이때가 진정으로 자기를 마주할 때입니다. 마음의 치료를 시작할 때입니다.

절망의 어둠에 잠길 때 희미한 희망의 빛마저 도무지 안 보일 때 어둠은 곧 빛이라는 인식이 필요합니다. 영원한 어둠은 없습니다. 아침은 오고야 마는 것처럼.

우리가 아무리 힘들어도 희망의 끈이 있기에 구원이 가능합니다. 희망은 바른 노력이 합쳐지면 모든 고통을 행복으로 바꿔 줄 묘약입니다.

몸은 마음의 상태를 반영한다

한 여성 직장인이 상사로부터 받는 스트레스 때문에 직장을 그만둘지를 놓고 고민하고 있었습니다. 처음에 그녀는 상사에 대한 거부감이 너무 심해서 자신이 긴장하고 있다는 사실밖에는 알아차릴 수 없었습니다. 그러다가 상사와 함께 있거나 그를 떠올릴 때마다 체한 느낌이 들곤 한다는 것을 알아차렸습니다. 위에 주의를 모으고 귀를 기울였을 때, 그녀는 자신이 지금도 그렇지만 앞으로도 결코 좋은 직원이 못 될 것 같다는 깊은 두려움과 마주쳤습니다. 그녀는 연민의 마음으로 체한 부위에 주의를 기울였고, 마침내 위가 편안해짐을 느꼈습니다.

이처럼 몸은 내면에서 일어나는 일을 정확히 반영합니다. 내면의 이야기들은 모두 몸으로 특정하게 표현됩니다. 심장이 쿵쾅거리거나 목이 뻣뻣해지거나 위가 죄어 오거나 뒤틀리는 느낌 혹은 배 속이 허한 느낌으로 나타납니다. 이 모든 신체적 반응은 에고가 끊임없이 되뇌는 이야기들 중 하나가 표현된 것입니다. 심장이 두근거리는 것은 "뭔가 잘못되고 있어."라는 불안감과 관련이 있고, 목과 어깨가 경직된 것은 "나는 제대로 하지 못하고 있어."라는 자책감이나 긴장의 표현일 수 있습니다. 위가 뒤틀리는 느낌은 나보다 못한 사람이 더 잘나간다는 데 대한 시기심일 수 있고, 배속이 허한 느낌은 '거절당해서 외톨이가 될지도 몰라.'라는 두려움의 표현일 수 있습니다. 몸과 마음은 상응합니다. 몸의 감각 바라보기 연습은 사실은 감각을 통해 마음의 상태를 보기 위함입니다.

돌아보기 　지금 이 순간 자신의 얼굴이나 머리에서 어떤 감각들이 일어나고 있나요? 욱신거리는가요? 가려운가요? 가벼운 두통이 느껴지나요? 혹은 압력이 느껴지나요? 적어도 세 가지 다른 감각을 찾아내 봅니다. 아침마다 자리에서 일어나기 전에 몸의 감각을 알아차리는 시간을 가져 보십시오.

드라마를 보거나 극장에서 영화를 볼 때도 에고가 무슨 이야기를 만들어 내는지 그리고 그때 몸에서 어떤 감각이 일어나는지 호기심을 품고 바라보세요. 버스를 타고 가는 동안이나 택시를 기다리는 동안 또는 차를 몰고 가다가 신호를 대기하는 중에도 몸의 감각을 살필 수 있습니다.

저항을 알아차리기

자신이 경험하고 있는 것을 직접 대면하는 과정에서 처음엔 저항을 경험합니다. 에고는 경험을 바라보는 대신 통제하려 드니까요. 실제로 우리는 거의 평생을 자신의 경험에 저항하며 살아왔고 저항은 경험에서 멀어지게 했습니다. 우리는 어린 시절에 이미 고통스러운 경험에 압도되지 않으려고 몸을 긴장하거나 숨을 죽이고 바라보지 않는 식으로 경험에 저항하는 것을 배웠지요. '아니야.' '안 돼.' '못 해.' '틀렸어.'라며 자책과 비난을 하였습니다.

삶에 열려 있다는 건 고통을 경험한다는 뜻입니다. 고통을 피하거나 없애려 들면 육체적인 고통이 정신적인 고통으로 변합니다.

옛날에 훌륭한 검객이 있었다. 방에서 조용히 좌선을 하고 있는데 파리 한 마리가 콧등에도 앉고 손에도 앉으며 귀찮게 하자, 그는 한칼에 날아가는 파리를 두 동강 내었다. 그러자 파리가 두 마리가 되어 검객의 좌선을 방해했다. 다시 검객은 두 마리 모두 두 동강 냈다. 그러자 파리는 네 마리로 변하고 검객은 또 동강 내고⋯. 마침내 방 안 가득, 파리가 윙윙거리며 날아다니게 되었다.

이처럼 고통은 없애려 들면 더욱 기승을 떨며 커지는 경향이 있습니다. 반대로 저항을 멈추고 정신적 고통을 받아들이면 그 고통은 빠르게 지나갑니다. 불안이 들려주는 이야기에 귀 기울여 보면 "내가 제대로 하고 있나?" "틀리면 어떡하지?" "완벽하게 해야 해.""그렇지 않으면 아무도 날 좋아하지 않을 거야." 같은 이야기들을 하고 있습니다. 한번 잘못하여 혼이 난 경험은 다른 상황에서도 늘 촉각을 곤두세우게 만들지요. 에고가 하는 일은 고통을 느끼지 않도록 자신을 보호하는 것입니다(정신분석학에서 말하는 자아의 방어 기제들로, 무의식적이어서 의식화해야 치료가 됩니다). 고통을 없애려 들거나 피하려는 시도들은 오히려 고통에 속박되게 하고 고통을 가중시킵니다.

피하려는 대신 직면하기가 올바른 해결 방법입니다. '그랬구나.' '얼마나 아팠어.'라고 받아들이고 아픔과 대면하는 것입니다. 아픈 경험을 겁을 먹고 충분히 경험하지 못한 채 무의식에 넘겨 버린 것을 다시 충분히 경험함으로써 더 이상 무의식에 남아 있을 필요가 없게 만드는 것입니다.

삶을 불편하게 하는 것들은 곧 우리에게 가르침을 주기 위해 있는 것들입니다. 명상은 내면에서 올라오는 어떤 것도 거부하지 않고 외면하지 않는 훈련입니다. 고통을 직면하고 받아들이는 순간 내면의 지혜가 빛을 제공합니다. 고통은 깨어남의 묘약입니다. 그래서 붓다는 고통을 "성스러운 진리"라 불렀습니다(사성제 가운데 처음이 고성제苦聖諦입니다).

마음은 내가 아니다

우리가 사물을 인식할 때나 사람들의 이야기를 들을 때, 있는 그대로 보지 못하는 연유가 있습니다. 우리는 있는 그대로 보고 듣는다고 믿지만 실제로는 자기 나름대로 해석해서 결론을 내리는 경우가 허다합니다. 오감으로 지각하고 마지막 여섯 번째로 마음이 판단과 해석을 가하는 과정을 거치면서 예전 경험과 기억이 덧붙여집니다. 그러면 실제와 다른 내용으로 결론을 내리게 됩니다. 있는 그대로 인식하지 못하고 생각, 기억, 신념 등에 의해 왜곡되고 착색된 인식을 합니다. 주관적으로 인식할 때에 에고가 개입되어 사실을 있는 그대로 인식하지 못하는 것입니다.

마음이 열리면 한여름에 열어 놓은 창문에서 환기가 이뤄지듯 소통이 이루어집니다. 부정적 경험이건 긍정적 경험이건 모두 나에게 좋은 경험이고 나를 성장시킵니다. 마음을 닫아 버리면 성장의 기회를 놓치고 맙니다. 마음을 닫는 것은 에고의 개입으로 자기중심적이 됨을 뜻합니다. 마음을 여는 것은 에고의 작용을 알아차리고 에고의 개입을 중단함을 말합니다.

해석과 관점이 고통을 만든다

소문으로 들었다고 해서, 대대로 전승되어 내려온다고 해서, 성전이나 경전에 쓰여 있다고 해서, 유명한 스승이 한 말이라고 해서, 그대로 따르지는 말라.

―《앙굿따라 니까야》, 〈깔라마의 경〉

돌아가신 어머니가 꿈에 나타나도 그것은 저승 세계에 떠도는 영혼이 나타난 게 아니라 마음속에 각인된 영상이 떠오른 것입니다. 우상 숭배도 같은 범주입니다. 무엇이 우상일까요? 종교적 상징물이 우상일까요? 머리로, 입으로 믿는 행위를 예수도 경계했지요. 대부분의 종교인은 자기 나름의 이미지를 상정하여 우상을 숭배하고 있으면서 자신만은 올바른 신앙 생활을 한다고 믿습니다. 해석이 관점을 낳고 관점은 신념에 기반을 둡니다. 신념들이 부딪치면 온갖 갈등과 고통이 발생합니다. 신념의 차이 때문에 내 안에서, 집안에서, 사회에서, 종교 간, 국가 간에 갈등과 분쟁이 일어나고 있음을 봅니다. 신념이 우상입니다.

느낌에 이름표를 붙일 것

공황장애 환자는 가슴이 두근거리다가 답답함을 느끼고 호흡이 막혀 버리거나 심장이 멈추어 죽을지도 모른다는 예상으로 극도의 공포에 빠져듭니다. 그러나 실제로 죽는 일은 없습니다. 호흡이나 심장이 멈추는 일도 없습니다. 그저 추측이 지어낸 환상일 뿐 사실이 아닙니다. 환상임을 자각하는 게 공황장애 극복의 관건이지만 그 과정은 만만치 않습니다. 가슴 두근거림이나 답답함에 의해 추가된 상상과 예상으로 생겨난 극도의 불안과 공포는 적어도 그 사람에게 있어서는 실재이기 때문입니다.

원효 대사는 비가 퍼붓는 한밤중에 동굴을 찾아 잠들었다가 갈증으로 중간에 일어났습니다. 주위에 물이 없나 찾다가 바가지에 물이 고여 있는 걸 보고 물을 달게 마시고는 다시 잠에 들었습니다.

이튿날 아침 깨어 보니 자신이 잠든 곳은 동굴이 아니라 고분이었고 주위에는 해골 바가지가 있었습니다. 그는 갑자기 역겨움을 느끼고 모든 걸 토했지요.

한참 토하고 나서 조용히 생각해 보니 같은 상황인데 어떻게 지각하느냐에 따라 해골 물이 감로수가 되고 감로수가 해골 물이 된다는 걸 깨달았습니다. 분별하지 않으면, 해석하지 않으면 그저 갈증을 해소시키는 물인데 해골에 고인 물이라 생각하니 혐오스러운 느낌과 더럽다는 생각이 들고, 그래서 구토 반응을 일으킨 것입니다.

이 좋은 느낌과 싫은 느낌을 분명히 보고 알아차려야 합니다. 느낌에 의해 연이어 일어나는 생각도 보고 감정도 보아 분명하게 알아차려야 합니다. 흔히 느낌에는 나쁜 감정, 좋은 감정이 있다고 생각합니다. '좋다' '나쁘다'로 판단 분별합니다. 실제는 어떤가요? 느낌은 그저 느낌입니다. 자연스럽게 느낌과 감정이 일어납니다. 분노나 슬픔이나 기쁨이나 즐거움이나 동질적인 감정입니다.

명상은 좋은 감정, 싫은 감정으로 판단하고 있음을 알아차리게 해 줍니다. 좋고 싫음으로 판단한 후 어떻게 반응하는지 바라보고 알아차리는 것입니다. 좋은 것은 잡으려 들고 싫은 것은 피하거나 없애려 드는 집착과 배척의 반응을 명료히 보는 것이 있는 그대로 봄입니다. 좋다, 나쁘다 판단하기 이전에 화가 나면 '화', 슬프면 '슬픔'이라고 알아차립니다. 좋다고 너무 집착하고 싫다고 너무 피하거나 배척하려 들 때 문제가 됩니다.

느낌은 대상과 접촉하는 순간 발생합니다. 그 느낌을 충분히 분명하게 바라보면 느낌에서 생각이 파생됨을 봅니다. 과거의 기억이 떠오르면서 경험에 의해 판단을 하고 그래서 현재 상황에 다시 적용하고 미래를 추상합니다. 이 과정은 매우 빨리 일어나므로 그저 상념과 백일몽처럼 생각의 폭류에 휩쓸리는 모습으로 보입니다. 이 과정을 낱낱이 보고 경험하는 작업이 분석적 정신치료이고 숙고 명상-사유수입니다.

실패에 관용으로 대하라

실패는 성공에 이르는 과정입니다. 성공과 실패보다 중요한 건 방향입니다. 어디로 향하느냐가 중요합니다. 인도를 가려다가 카리브해 멕시코만에 도착하고서 서인도제도라 명명한 것처럼 이름이 중요한 게 아닙니다.

실패는 결코 수치도 아니고 능력 부족도 아닙니다. 내가 못나서 실수하거나 실패하는 것은 더더욱 아닙니다. 실수와 실패를 통해 배우고 더욱 전진하며 성공이라는 목표에 이르게 되니 자신과 남을 가혹하게 평가할 일이 아닙니다. 따스하게 격려하고 중도 좌절하지 않도록 격려할 일입니다.

돌 무렵 천진한 아이는 걸음마를 스스로 배우기 시작합니다. 혼자 서다 넘어지고, 한 걸음 떼고 넘어지고, 두세 걸음을 떼고 다시 넘어집니다. 아이에겐 실패라는 생각도 없고 수치감은 더욱 없습니다. 넘어지고 일어나고 또 넘어져도 마침내 혼자 제대로 걸을 때까지 짜증내거나 피곤해하지도 않습니다.

사춘기 중학생이 등굣길에 돌부리에 걸려 넘어졌다고 칩시다. 마침 주변에 있던 사람들이 모두 입을 가리고 웃었습니다. 거기에는 또래 여학생들도 있었습니다. 창피함으로 벌게진 소년은 서둘러 그 자리를 떠났고 그 이튿날부터 그 길을 피해서 다녔습니다.

인간에게는 두세 살부터 에고 의식이 형성되면서 분별을 합니다. 또 주위로부터 심어진 신념들에 의해 실수와 실패가 나쁜 것으로 새겨집니다. '실패는 피해야 하고 해서는 안 된다.'라는 신념이 형성되면 더 이상 실패를 용납하지 못하게 됩니다. 자신의 실수뿐 아니라 상대방의 실수에도 관용 없이 대합니다. 완벽함을 추구하고 주위에도 이것을 강요하지요.

종종 결혼생활에서 서로 상처를 받은 부부가 상담을 받으러 옵니다. 생각해 보면 그들은 불화를 통해서 서로를 더 이해할 수 있는 기회를 잡은 셈입니다. 고통이 없었다면 단조로운 부부관계로 그치고 언젠가 둘 중 한 사람이 외도를 하여 더욱 큰 풍랑을 겪었을지도 모릅니다. 이처럼 상처나 고통은 우리의 스승입니다.

내가 삶의 모든 부분에서 얼마나 만족하지 못하며 살아왔는지 돌아봅니다.

나에게 숨겨진 욕망을 알아차려 봅니다.

지금까지 척하면서 살아온 것을 바라봅니다.

삶에서 채우고 채워도 채워지지 않은 경험을 돌아봅니다.

그것이 분노이든, 외로움이든, 어떤 욕망이든, 나에게 반복되어 나타나는 감정 패턴을 적어 봅니다.

명상 중의 경험과 깨달음을 기록합니다.

고요히 눈을 감고 호흡을 바라봅니다.

호흡이 점점 느리고 깊어지면서 마음이 고요하고 편안함을 느껴 봅니다.

이제 가슴에 주의를 집중합니다.

가슴에서 두려움을 바라보고 가슴에서 온몸에서 두려움을 느껴 봅니다.

두려움이 들려주는 이야기에 귀 기울입니다.

명상 중의 경험과 깨달음을 기록합니다.

지금 이 순간 몸의 감각, 이야기, 느낌 등을 떠올리고 거기에 이름을 붙여 보세요. 가장 흔한 것은 '결림' '답답함' '무거움' '잡념' '걱정' '두려움' 등입니다. 정확히 무엇을 경험하고 있는지 모를 때는 '애매함'이라고 이름 붙이면 됩니다.

명상 중의 경험과 깨달음을 기록합니다.

잠시 멈추고 호흡을 바라본 후 이렇게 물어봅니다.

"지금 에고가 뭐라고 말하고 있지?"

알아차린 것이 무엇이든 거기에 이름을 붙여 보세요.

명상 중의 경험과 깨달음을 기록합니다.

3부 마음을 치유하는 길

사원(교회)도 필요 없고 복잡한 철학도 필요 없습니다. 따뜻
한 가슴이 우리의 사원이고 따뜻함이 나의 철학입니다.

—달라이 라마

8
에고의 정체 이해하기

모든 고통의 주체인 에고를 명료하게 이해함이 치유의 시작입니다.

우리는 두세 살부터 신체적으로 걸음마가 익숙해져서 마음 놓고 걸을 수 있기에 엄마와 몸이 분리되어 있음을 인식하기 시작합니다. 이 무렵부터 자아의식이 생기기 시작합니다. 감각들의 통합이 일어나면서 자아로 분별을 시작합니다. "아니야!" "싫어!"라고 고개를 저으며 반대 의사를 표하는 시기입니다. 네 날개가 달린 선풍기가 빠르게 돌면 하나의 원으로 보이듯이 수많은 감각들의 통합으로서 자아가 탄생합니다. 자아에 의해 소유화가 진행되고 부모에 의해서 조건화가 시작됩니다. 부모에게 반응하면서 부모를 대하는 법을 터득하기 시작합니다.

소아 분석가인 말러는 아이가 엄마로부터 심리적으로 독립하는 개별화 과정을 상세히 설명합니다. 신생아는 거의 수면 상태로 있는데, 이때는 자궁 내 상태와 유사하여 정상적 자폐증이라고도 부릅니다. 점점 분화가 시작되어 6~7개월이 되면 타인 불안이 나타나고 10~18개월에 걸음마 연습을 하면서 세상에 대한 눈이 넓어지고 현실 검증과 자율성이 확고해집니다. 에릭슨은 자율성을 얻는 데 실패하면 수치심과 함께 사람들을 신뢰하지 못하는 의심을 간직한다고 하였습니다. 아이는 만 3세가 되면 어머니와 아무 불만 없이 떨어질 수 있습니다. 엄마가 보이지 않아도 엄마의 음성이 들리지 않아도 자기 혼자 놀 수 있는 수준에 도달했다는 것은 마음속에 자신과 엄마에 대한 정신적 표상이 확립되어 자아상이 안정된 기초를 갖게 되었음을 뜻합니다. 이렇듯 자아상과 자아의식이 에고의 정체입니다.

에고는 갈등의 구름일 뿐

에고가 벌이는 행동들을 바라보기 시작하면 에고로부터 점점 벗어나게 됩니다. 어린 시절, 머리로 하는 개념의 세계로 빠져들기 전에는 꽃을 보면 진정 꽃을 보았습니다. 꽃을 아름답고 놀라

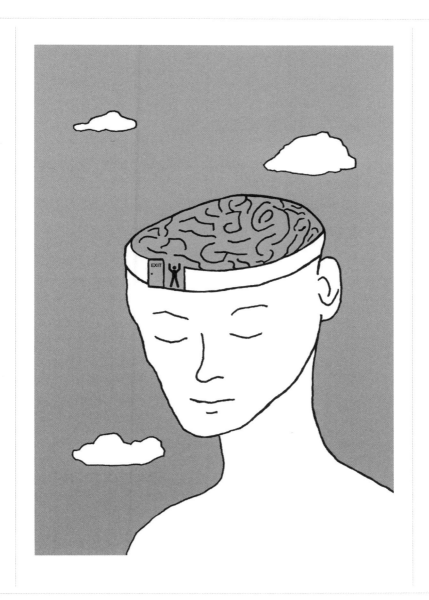

운 것으로 온전히 경험했던 우리는 생각의 세계에 빠지면서 꽃을 더 이상 온전히 경험하지 못하게 되었습니다. 장미꽃을 보면 배가 아파지는 여인처럼 장미꽃에 얽힌 사연이 장미를 아픈 기억으로 보게 하고 맙니다.

본성을 탐구하고 구름에서 벗어나는 길은 생각을 바꾸는 기술을 배우려고 애쓰는 대신 경험하는 것입니다. 에고가 개입하고 있음을 알아차리고 바라보기 시작하면 에고로부터 점점 벗어나게 됩니다. 마음이 나를 지배하는 게 아니라 내가 마음을 사용하게 됩니다.

사례   전 어머니와 문제가 있었지요. 지배적이고 간섭을 잘 하는 어머니세요. 저는 따뜻하고 조용한 여자를 만나 두 아이를 낳고 살았어요. 그런데 세월이 지나면서 점점 불화가 생기더군요. 제가 점점 어머니를 대하는 방식으로 아내를 대하고 있음을 알게 됐습니다. 어머니에 대한 분노를 아내에게 표출하고, 부모님께 불평하는 방식 그대로 아이들에게 이야기하고 있음을 알아차렸습니다. 그랬더니 아이들도 제가 어머니에게 그런 것처럼 저에게 불평을 하더군요.

제 자신이 부모가 된 것을 보았지요. 일찍부터 어머니가 싫어서 멀리하고 상처받지 않기 위해서 따로 살았지만 다른 모든 관계에 감정을 투사하여 타인에게 무관심한 태도로 일관하였음을 보았습니다.

직장 상사가 제게 지시할 때도 어머니에게 반응했던 것처럼 상사에게 반응하여 전투가 시작되곤 했습니다. 이를 상담과 명상을 통해 깨닫게 되었습니다.

사례와 반대로, 엄마에게 혼날까 봐 나를 감추고 엄마의 눈높이에 맞추려 기를 쓰고 엄마의 사랑을 잃지 않으려 애쓰면, 그 노력은 습관이 되어 남의 환심을 사려 하고 비난을 듣지 않으려 하는 애씀이 됩니다. 항상 긴장하게 되고 떨립니다. 이는 사랑을 받기 위해, 싫어도 매달리게 되는 병적인 의존심으로 발전하기도 합니다. 에고는 솔직한 감정을 느끼지 못하게 하고 불안해하고 두려워하고 감정을 죄악시합니다. 어떤 감정이나 충동도 자연스럽게 봐두고 지켜보고 알아차리면 감정에 매몰되거나 휩쓸리지 않을 수 있습니다.

푸른 하늘은 드넓고 밝고 평화롭게 열려 있습니다. 에고는 삶에 맞서 싸우거나 저항하라고 합니다. 이러한 에고의 개입을 바라보면 삶을 즐기고 구름과 노닐며 푸른 하늘로 살아갈 수 있습니다.

내면의 진실 수용하기

괴로움에서 벗어나기 위해서는 에고를 바라보고 알아차리는 게 급선무입니다.

스스로에 대해 잘 안다고 믿고 있나요? 우리는 의외로 자신에 대해 많이 알고 있지 못합니다. 여기에서 출발해야 합니다.

자신에 대한 수많은 이미지는 진정한 내가 아닙니다. 자신이 얼마나 거짓말을 많이 하고 있는지 자각하는 것이 중요합니다. 자신의 내면에 있는 것들을 추악하다고 생각하고 외면하려고 끊임없이 거짓말을 지어내고 있음을 보아야 합니다.

내면의 모든 것은 서로 대극 속에 존재합니다. 음이 있으면 양이 있듯이. 어떤 것은 가지려 들고 어떤 것은 밀쳐내려 하지요. 이건 좋은 것이고 저건 사악한 것이라 평가하지요.

사실 우리는 이 모든 것을 포함하고 있지요. 이 모든 것이 있음을 받아들여야 합니다. 가장 아름다운 것도, 가장 지저분한 것들도 있음을 받아들여야만 합니다. 그 모든 것들이 우리 내면에서 일어나고 있기 때문이지요. 그것을 상대방에게 덮어씌우고 있음을 깨닫는 게 중요합니다. 이것이 내면의 진실입니다. 내면의 진실을 보고 자신을 수용해야 합니다. 내면의 진실을 있는 그대로 받아들여야 합니다.

치유의 힘은 공감과 연민

상담 치료에 필수적인 공감과 연민은 아주 가까운 정서입니다. 이를 맹자는 "측은지심"이라 불렀습니다. 상대방의 아픔을 안타깝게 여기고 공감하는 마음입니다. 그 마음 바탕엔 상대에 대한 깊은 사랑이 있습니다.

사례　저는 늘 걷잡을 수 없는 두려움에 사로잡혀 살았습니다. 이유도 없이 화가 나고 가슴이 아파서 병원에서 정밀 검사를 받아 보았더니 신체적으로는 아무런 이상이 없다는 겁니다. 그래서 정신과로 찾아오게 되었습니다.

처음 얼마 동안 제게 말할 수 없는 고민이 있음을 상담 치료자에게 내비쳤으나 선뜻 말하고 싶지는 않았습니다. 상담이 몇 차례 지나고 나서야 어렵게 토로할 수 있었지요. 어린 시절 당한 성폭행.

부모에게도 말하지 못하며 혼자 아픔을 감내하며 자라다가 결국 성인이 되어 아무것도 할 수 없다는 불안과 분노, 자기 학대에 빠졌습니다. 가해자의 추잡함과 비열함에 분개하기에는 그때 저는 아주 어린 소녀였습니다. 무원고립, 아무도 절 도와주지도 않았고 구원해 주지 않았다는 절망감이 우선 떠오르는 주제였습니다. 게다가 아무에게도 말해서는 안 될 것 같은 수치심과 모멸감 때문에 오랜 시간 혼자만의 비밀로 여겼습니다.

치료자의 안쓰러워하는 마음은 제가 자신을 더 깊이 들여다볼 수 있게 하였습니다. 저는 상담 치료자에게, 부모의 꾸중이 두려웠다고 고백했습니다. 부모님은 더 작은 실수에도 크게 꾸짖고 매를 들었으니까요. 이렇게 엄청난 잘못을 어찌 용납할까 하는 두려움이 부모님에게도 도움을 요청할 수 없게 만든 것입니다. 이렇게 용기를 내어 처음으로 상담 시간에 고백했습니다.

상담 치료자는 저를 못난 사람으로 보거나 그때 이렇게 했어야 한다고 야단치지 않더군요. 의외였고 충격이었습니다. 항상 술만 마시고 야단치는 아버지와도 다르고, 늘 아프다고 병원에 다니며 곁에 없던 엄마와도 달랐습니다. 그런 정서적 유대감은 제 오랜 상처를 따뜻하게 감싸 주었습니다. 듣는 사람이 절 비난하고 야단칠 게 뻔하다고 생각하여 망설였는데 치료자의 반응은 비난도 꾸지람도 경멸도 아니었습니다. 오히려 함께 아파해 주었습니다.

저는 자신도 다른 사람처럼 존중받을 수 있다는 희망에 이르렀습니다. 그 사건은 제 잘못이 아니고 다른 이도 그런 상황에 처했다면 그럴 수밖에 없었을 거라고 인식하기 시작하였습니다. 그 수많은 세월 자신을 비하하고 학대해 마지않았는데, 이제는 그런 자신을 용서하고 더 이상 추궁하지도 않습니다. 부모에 대한 원망도 거두었습니다. 그분들 잘못도 아니니까요.

환자를 있는 그대로 편견 없이 대하는 것은 치료자의 중요한 덕목입니다. 환자들을 결점으로 보지 않고 아픔으로 본다는 것은 좋다, 싫다 하는 구분을 뛰어넘습니다. 오직 힘들어하는 마음을 함께 느끼고 보아 가는 과정에서, 비난받지 않는 따뜻함을 온몸으로 체험한 환자는 새로이 자신을 구성하고 출발할 힘을 얻게 됩니다.

함께 아파하고 함께 기뻐한다는 것은 참으로 놀라운 힘을 발휘합니다. 기적을 초래하는 것이 바로 이것입니다. 조건 없이 사랑하고 아픔을 함께 슬퍼하고 기쁨을 함께 즐거워하면서도 감정에 휩쓸리지 않는 마음(이 네 가지 마음─자애, 연민, 기쁨, 평정심─을 불교는 사무량심 - 자비희사慈悲喜捨 또는 브라만이 머무는 곳[사범주]이라 칭합니다)은 치료자가 갖추어야 할 덕목이자 진정한 자신의 성품들입니다.

명상과 정신 치료는 서로 마음을 비춰 주고 배우는 관계입니다. 당신이 나의 스승이고 나는 당신의 스승입니다. 거울처럼 서로 스승이 되는 관계입니다.

9
치유되지 않은 상처는 시한폭탄이다

분노가 일어날 때마다 분노가 나를 휩쓸게 방치하는 것은 자신을 학대하는 행위입니다. 분노를 상대에게 표출하는 것은 상대를 가해하는 행위입니다. 둘 다 화상을 입거나 입히는 행위입니다. 분노는 상처가 건드려졌기에 일어납니다. 명상은 내 안에 치유되지 않은 상처가 있음을 보는 것입니다. 상처들은 내가 깨어나기 위한 좋은 재료입니다. 상처들을 가슴으로 품어 안아 줄 때 마음의 소음들은 줄어들고 삶에 기쁨과 활기가 살아납니다.

화가 올라올 때마다 자신이 혐오스럽고 나쁘다고 비난하고 학대하여 왔음을 봅니다. 화가 날 때마다 남들을 탓하고 원망하고 증오했음을 봅니다.

삶을 돌아보면, 내가 바라는 대로 되지 않을 때마다 화가 났지요. "이건 부당하고 공정하지 않아!" "내 차례인데 끼어들다니!" "감히 내게 이럴 수 있어?" "당장 때려치울 거야!" 하는 생각이 마음속에서 맹렬히 치고 올라오지요. 젊은 시절 필자가 명상 워크 숍에서 실제로 취한 일련의 행동들입니다. 당시엔 스스로가 정의롭고 옳다 믿었지요. 에고는 내가 부당한 대우를 받았다는 점을 입증하고 싶어 했지요. 한참 시간이 지난 다음에야 내가 판단에 집착하고 있다는 사실을 자각하고 부끄러웠지요. '참 바보 같다.'는 자책에 휩싸이기도 했습니다. '마음은 늘 이렇게 작동하는구나.'라는 자각이 일고서야 비로소 편안해졌지요.

화가 날 때 화를 바라볼 수 있는가?

감정을 느끼고 바라보는 연습을 하노라면 겉의 감정 너머에 보다 깊은 감정이 숨어 있음을 알 수 있습니다. 분노를 바라보았을 때, 분노 안에서 깊은 슬픔이 모습을 드러냅니다. 나는 아무것도 아니라는 느낌에서 벗어나려고 내가 평생 얼마나 애써 왔는지도 알 수 있습니다. 분노를 마주하면서, 내가 아무것도 아니라는 그 느낌이 나로 하여금 삶을 제대로 즐기지 못하게 했음을 알게 됩니다. 판단하고 비교하기 바빴고 자기를 보호한다고 남을 비난하고, 늘 남에게 탓 돌리기에 급급하였다는 사실을 깨닫습니다. 이제 분노를 바라보고 분노 속의 슬픔과 절망을 알아차린 지금, 누군가가 나를 무시하거나 거부하는 것으로 보여도 그것은 내 느낌일 뿐임을 깨닫습니다. 더 이상 남을 원망치 않게 됩니다.

대신 나 자신에게 질문합니다. "정말 이 느낌이 사실일까?" 늘 나와 함께 하는 내면의 지혜를 향해 "무엇을 깨우쳐야 하나요?"라고 물으며 명료하게 알게 해 달라고 요청할 수도 있습니다. 내면에 깊이 새겨진, 단순히 바라보는 것만으로는 풀려 나기 어려운 감정들은 족쇄와 같지만, 깊은 관심을 기울이며 연민을 품고 들어 줍니다. 충분히 억울하고 아팠던 이야기들을 풀어내도록 허용합니다. 모든 부정적 감정은 상처에서 비롯되었고 자신들의 이야기를 들어 주기를, 어루만져 주기를 원합니다. 보아 주고 들어 주면 부정적인 감정들은 저절로 수그러듭니다.

상처를 치유하는 방법

상처를 치유하는 첫 단계는 망각 속 무의식 깊은 곳에 가두어 둔 것을 연상해 내는 것입니다. 그 상처가 일어나게 된 뿌리 사건을 깊이 바라보고 그때의 아픔을 충분히 재경험하는 것입니다. 마음속에 불씨처럼 살아 있는 상처를 다루지 않으면 마음의 소음이 되고 살아가면서 맺는 인간관계에서 시한폭탄이 됩니다.

사례 전 대인관계가 어려웠고 결혼을 싫어했어요. 어린 시절 부모님이 허구한 날 싸우는 것을 보고 자랐거든요. 엄마는 아빠에게 직접 말하기 싫어하셨고, 아빠 역시 마찬가지셨어요. 그분들 역시 또 말싸움으로 번질 것을 두려워하기 때문에 그분들의 대화는 나를 통해서 이뤄지곤 했지요. 때때로 상황이 코미디 같았어요. 엄마는 "네 아빠에게 뭐 먹을 거냐고 물어봐라."라고 저에게 소리쳤고, 그러면 아빠는 "'네 엄마가 상관할 일이 아니니 나는 내가 먹고 싶은 것을 먹겠다.'라고 전해라." 하셨지요. 그러면 엄마는 또 날 보며 "너희 아빠한테 물어봐라. 여기가 기숙사인지 하숙집인지 말이다." 말하고, 내가 아빠를 쳐다보면 아빠는 "엄마한테 말해라. 여긴 내 집이라고. 여기가 불편하면 나가라고." 했죠.
이런 감정적 싸움 뒤에 두 분이 서로 사과를 하고 용서하는 걸 본 적이 없어요. 저는 삶을 살 준비가 안 된 것 같아요. 어떻게 자존심을 숙이고 사과를 해야 하는지 모르겠어요. 진심으로 누군가를 용서한다는 것이 무엇인지 모르겠어요. 그래서 다른 사람의 인생을 망치기 싫어요.

사례   전 어떤 남자와도 좋지 않게 헤어졌어요. 관계는 대부분 서
너 달이 채 안 되어 끝이 났죠. 저는 남들이 보기에 매우 아름
다웠고 친절한 여성이어서 남자들에게 이상적인 여인처럼
보였지만 실은 어느 남자와도 지속적이고 건강한 관계를 맺
지 못하였습니다.

전 유년시절에, 어머니가 화를 자주 내서 아버지가 많은 고
통을 겪는 것을 보았습니다. 아이인 저도 엄마 때문에 화와
짜증이 났고 일생 내내 분노를 누르고 살아왔습니다. 그 결
과 무의식에 엄마로 인한 상처가 저장되어, 자기 파괴적인
패턴을 반복했습니다. 관계가 깨질 수 있다는 것을 알면서도
상대에게 상처 주는 말을 해대곤 하였죠. 엄마처럼 말이에요.
나름 노력했지만 감정을 제어할 수가 없었습니다. 2~3개월
에 한 번씩 저는 최악의 모습을 보이곤 하였는데 그러면 남
자들은 제게서 도망쳤어요.

이처럼 부모와의 관계에서 받은 상처는 무의식에 남아, 살면서
두고두고 자신을 괴롭힙니다. 무의식적인 특성은 매우 파괴적이
고 반복적이고, 원치 않아도 강박적으로 나타납니다. 그리하여 뿌

리 깊은 성향으로 자리 잡아 우리는 이성의 노력으로 어찌할 수 없는 무의식의 포로가 됩니다. 이 상처는 삶을 돌아보는 숙고 명상 중에 깊이 체험하여 그 당시의 묵은 감정을 무의식에서 해방시켜야 치유됩니다.

사례   저는 모 회사의 중역으로 일하고 있습니다. 어머니와 동생만 보면 저도 모르게 몹시 짜증이 나고 불편해져서, 그것 때문에 찾아오게 됐습니다. 이제껏 어머니에게 효도하며 동생들을 매우 사랑하고 아낀다고 생각했는데 말입니다.
명상 중에 숙고를 하게 되었을 때, 짜증이 일고 화가 났습니다. 그건 어른이 아니라 제 안에 있는 아이가 내는 것임을 발견하였습니다. 제가 다섯 살이고 동생이 세 살이었을 때 저희 둘이 안방에서 놀고 있었습니다. 그때 동생이 실수로 크리스털 화병을 깨트렸습니다. 화병이 깨지는 소리를 듣고 거실에 있던 엄마가 서둘러 방에 왔을 때 어찌 된 일인지 동생은 매우 슬픈 얼굴로, 저를 바라보더군요. 엄마는 즉각 화병을 깨트린 사람이 저라고 생각을 하였죠. 어떻게 된 일인지 물어보지도 않고 다짜고짜 제 뺨을 때리고는 나가 버렸습니다.

이 사건을 다시 떠올리게 되었을 때 그는 아이처럼 흐느껴 울었습니다. 숙고 명상 말미에는 엄마를 용서하고 사랑하며 감사하다는 표현을 하고서, 이유 없는 짜증에서 풀려 나게 되었지요.

나를 갉아먹는 부정적 독백에서 벗어나기

자기 독백은 스스로 걸고 있는 부정적 주술입니다. 만트라 명상의 주문만 주문이 아니라 주입된 신념들을 반복하여 자기 독백을 하는 것도 주문입니다.

잘못하면 사랑받지 못하고 실패하면 인정받지 못하는 뼈아픈 경험을 통해, 우리는 부단히 사랑받고 인정받으려 애쓰며 살게 됩니다. 있는 그대로의 삶을 살지 못하고 주위와 사회의 기대에 맞추어 사는 비주체적 삶을 살기 시작합니다. 삶을 즐기는 대신 삶은 고통의 연속이 됩니다. 우리는 삶을 사는 대신 수많은 생각의 흐름 속에 잠겨 살고 있습니다. 실패의 경험을 곱씹으며 만든 여러 이야기들과 실패하지 않기 위해 예비하는 이야기들 속에 파묻히고 맙니다. 이러한 생각의 폭류 속에서 헤쳐 나오기란 쉽지 않습니다. 무언가에 집중하려 해도 이내 생각의 강력한 흐름 속으로 다시 빠지기 마련입니다.

그런 면에서 우리 모두는 주술사입니다. 기왕에 이렇게 내면의 독백을 반복할 거라면, 부정적인 말 대신 유익한 말을 들려주는 주술사가 되는 편이 낫지 않을까요?

돌아보기 수많은 신념들이 자신을 구속하는 주문임을 봅니다.
실패에 대한 수치심과 실패할까 봐 두려워하며 만드는 내 안의 재잘거림들. '난 못해.' '나는 할 수 없어.' '난 바보 멍청이야.' '나는 틀렸어.' '차라리 죽는 게 나아.' '모두 죽어 버렸으면.' '살 자격이 없어.' 등등.
이 반복하여 되뇌는 자기 부정의 주문들이 나의 삶을 갉아먹고 있음을 바라봅니다.
자라면서 주입받은 신념들('잘 해야 돼.' '실수해선 안 돼.' 등)이 보다 완벽함을 추구하며 살라고 쉴 새 없이 자신을 다그치고 몰아세웠음을 봅니다.

호기심으로 내면 바라보기

지금 삶을 온전히 경험하기 위해서는 지금 일어나고 있는 사건을 어린아이들처럼 호기심으로 대할 필요가 있습니다. 피하거나 외면하지 말고 궁금한 마음으로 대면합니다. 호기심은 어린 시절 우리가 늘 사용했던 마음입니다. 모든 게 신기하고 궁금했던 그 시절 때문지 않은 순수한 마음으로 지금 이 순간을 새롭게 경험합니다.

어제나 오늘이나 내일이 새로울 게 없는 판박이 삶이라면 죽은 삶입니다. 늘 새로운 날이고 새로운 경험에 즐거워하고 기뻐하는 어린아이가 되어 보세요. 느낌과 그에 따른 경험, 기억에 물든 인식들이 차례로 일어남을 바라봅니다. 습관적인 반응을 반복하는 게 아니라 그 반응하고 있음을 지켜보는 것입니다. 이렇게 바라보고 지켜보는 연습은 자신을 자각의 세계로 안내하고 늘 판단하고 반응하는 에고로부터 벗어나게 만듭니다. 에고로부터 자유로워지면 생각과 감정의 흐름 너머의 세계, 푸른 하늘과 대양의 세계를 맛보게 됩니다.

현재를 온전히 경험하려면 과거의 유산을 청산하는 게 관건입니다. 상처를 없애려고 애쓰는 대신 그러한 실패와 아픔을 다시 들여다보고 관심 기울여 안아 주는 작업이 긴요합니다. 얼마나 외로웠는지, 얼마나 억울했는지, 얼마나 무력했는지, 얼마나 허전하고 답답했는지… 그때의 아픔을 절절히 느끼고 안아 줍니다.

돌아보기　호흡과 함께 아픈 기억을 떠올려 봅니다.
　　　　　잘하려 애쓰다가 야단맞고 거부당했음을 봅니다.
　　　　　그래서 더욱 잘해서 칭찬받으려 했음을 봅니다.

자신을 쉴 새 없이 다그쳤음을 봅니다.

그것을 바라보고 가슴 깊이 안아 주세요.

그리고 무엇이 일어나는지 바라봅니다.

더 아픈지, 이유 없는 감동과 기쁨이 솟아나는지, 가슴이 미어지다가 따뜻해지는지….

내 안에서 올라오는 이야기를 경청하라

내면에서 중얼대는 이야기들을 조용히 바라보면, 그것이 어린 시절부터 주입된 이야기들이라는 사실을 알게 됩니다. 호기심을 가지고 자신의 경험을 바라볼수록, "나는 삶에서 소외되었어." "사람들은 믿을 수 없어." "나는 늘 피해만 당해." 등의 이야기들을 스스로 되뇌고 있음을 알게 됩니다. 이것을 알면 "완벽하게 해야 해." "제대로 못하고 있어." "나는 틀렸어." "나는 사랑받을 가치가 없어." "나는 완전히 외톨이야."라고 결론 내렸음도 볼 수 있게 됩니다.

내면에서 올라오는 어떤 이야기들도 내가 아닙니다. 과거의 경험일 뿐이고, 아픈 기억은 아픈 기억일 뿐입니다. 그 아픔을 묻어 두면 곰팡이가 슬고 악취가 피어납니다. 관심 어린 알아차림으로 따스하게 바라보면 어두운 무의식에서 밝은 의식의 세계로 자리합니다. 밝은 자각의 빛 속에서 곰팡이는 스러져 갑니다.

상황을 바꾸려 애쓰기보다 지금 이 순간 벌어지는 일에 호기심을 품고 바라보면 마음의 작용에 대해 더 많이 알게 됩니다. 내 안의 이야기들에 스스로 사로잡히는 이유는 그것을 바라보려 하지 않기 때문입니다. 그 이유는 그것을 부끄러워하거나 두려워하기 때문입니다. 이제 그 부끄러워함, 두려워함을 알아차리면 됩니다. 그저 푸른 하늘에 머물면서 바라보고 구름이 흘러가게 두면 됩니다.

몸의 감각 바라보기 연습

숨을 깊게 들이마시고 내쉬는 숨에 '하아' 하고 소리를 내면서 모든 근육을 이완합니다. 서너 차례 깊게 들이쉬고 내쉬면서 이완한 후, 천천히 들이쉬고 편안하게 내쉽니다.

이제 머리끝부터 발끝까지 차례차례 신체의 각 부위에 주의를 기울입니다. 특정한 감각이 있는 부위에 잠시 머물며 그곳으로 부드럽게 숨을 들이쉬고 내쉽니다. 호흡을 통해 어머니의 손길처럼 부드럽게 그곳을 내면에서부터 어루만져 줍니다.

이제 호기심을 가지고 무엇이 떠오르는지 기다립니다. 내면에서 만들어 낸 이야기들을 따뜻하게 바라봅니다.

연민으로 감싸고 지켜보면 그 이야기는 사라지기 마련입니다. 아픔은 내 것이 아니고 내가 아님을 자각합니다.

나를 믿어 주고 인정하는 사람의 힘

절망감을 느낄 때 누군가 나를 이해하고 좋아하며 믿는다는 느낌은 자존감의 원천입니다. 자기와 비슷한 생각과 취향과 비슷한 눈을 가진 사람을 만나면 평생 친구가 되고 인생의 동반자가 됩니다. 옛사람들은 지음지기라 했습니다. '혼자'라는 느낌과 '함께'라는 느낌 사이엔 하늘과 땅만큼의 차이가 있습니다. 나와 같은 사람이 또 있다는 것만 자각해도 병의 절반이 낫기도 합니다. 그래서인지 환자들은 자신과 같은 환자가 또 있느냐고 자주 묻습니다. 치료자와의 관계는 나는 혼자이고 나의 문제를 이해해 줄 사람은 세상에 하나도 없다는 소외감에서 벗어나게 합니다. 치료자는 강력한 동반자입니다. 동일시하고 싶은 사람입니다. 존경할 만하고 나를 이해해 주는 사람이고 믿어 주는 최초의 사람일 수 있습니다.

자존감은 안에서 오고 자존심은 밖에서 온다

자존감은 스스로 느끼는 감정이자 타인이 공감할 수 있는 감정입니다. 자존심은 자기가 중요하다고 믿는 마음으로, 타인의 공감을 얻지 못합니다. 오히려 상대를 누르고 지배하려 들기 때문에 불쾌감을 일으킵니다. 진정한 자존감은 그 사람을 당당하게 하되 겸손하게 하며 또한 상대를 존중하기에 뽐내지 않고 상대가 자존하는 마음이 되게끔 돕습니다.

자존심은 '내가 너보다 우월하다, 동등하다, 열등하다.'라고 에고가 비교하는 마음입니다. 자존심은 교만한 반면 자존감은 겸허합니다. '자기 자신만이 홀로 존귀하다.'라는 말은 독선이나 이기적인 표현이 아닙니다. '자기 자신에게 의지하라.'라는 말도 이기적인 표현이 아닙니다. 그것은 지극한 자존감의 표현이고 자존감을 얻기 위해 밖에서 얻으려 말라는 가르침입니다.

자존심은 상대에게서, 외부에서 옵니다. 내면에서 얻어지고 충만해지는 자존감은 역설적으로 나라는 에고를 없애야만 얻어집니다. 에고가 사라진 가운데 가득 차는 자존감이야말로 밖에서 주어진 것이 아니므로 가장 독립적이고, 나를 내세울 필요가 없기에 가장 겸허합니다. 자존감은 여유롭고 자존심은 상처받습니다. 남이 나와 다르다는 것을 인정할 수 있는 사람. 그는 여유로운 사람, 넉넉한 사람입니다. 남이 나와 다른 의견을 낼 때 화가 올라오는 것은 에고가 거절당했다고 해석했기 때문입니다.

우리는 서로 의존하고 있습니다. 그 의존을 거부하고 부인하게 되면 오만해집니다. 의존은 단순한 의지가 아니라 서로 관계 맺기입니다. 관계가 원활한 경우를 보면 상호 존중하고 돕고 배려합니다. 관계의 단절은 고립이자 대화 단절이고 감정 차단이며 자신만을 생각합니다. 종교를 방어 수단으로 삼는 경우도 많습니다. 자신의 문제를 종교로 일시에 해결하고자 하는 사람들은 결국 실패합니다. 종교적 신념으로 자신을 가두어 관계 회복의 길을 막아버리기 때문입니다. 원만한 관계는 상호 평등에 입각하고, 관계에서 가장 중요한 것은 상호 존중입니다. 우리는 누구나 동등하게 존귀하다는 인식입니다.

관계의 키워드는 존중

한 부부가 이혼을 결심하고 찾아왔습니다. 두 사람 모두 대학 교육을 받은 뒤 전문직에 종사하는 지식인들이었습니다. 그들은 직장에서 모범적인 사람들로 동료와 상하 관계도 원만하였습니다. 그런데 집에 오면 전혀 대화가 안 되고 싸움으로 끝나고 맙니다. 배우자와 사이가 안 좋은 것은 서로 요구가 많은 데서 비롯합니다. 이 부부는, 직장에서는 맡은 일만 잘 처리하면 되지만 집에서는 서로 사랑하고 존중하고 배려해야 함을 모르고 있었습니다. 직장과 사회의 룰은 잘 지키면서 가정에서 지켜야 할 룰은 지키지 않고 일방적 요구만 상대에게 해댄 결과입니다.

직장에서는 지성의 법칙이 우선인 반면, 가정에서는 감정의 법칙이 우선시됩니다. 집에서는 자신이 자란 과정에서 경험했던 방식이 드러납니다. 완벽함을 요구한 부모 밑에서 자란 사람은 배우자의 지적을 받으면 꾸중만 듣던 경험을 떠올립니다. 자신의 입장을 더욱 강하게 밀어붙여 상대방에게 상처를 줍니다. 그러면 서로 얼굴을 붉히고 '당신과는 대화가 안 돼.' 하고 손사래를 치면서 방문을 쾅 닫고 나가 버립니다. 나는 항상 옳고 상대방은 못된 남편, 나쁜 아내가 되고 맙니다.

이런 부부싸움은 정도의 차이는 있지만 누구나 겪는 문제입니다. 상대를 무시하려 한 게 아닌데도 자신의 과거의 경험을 무의식적으로 떠올려 상대에게 투사하고 있음을 모르고 있을 뿐입니다. 그것을 이해하기 시작하면 여유가 생기고 상대방의 입장을 수용하기 시작합니다.

부부 상담을 통해 아내가 남편이 그렇게 말하면 무시당하는 느낌이 든다고 솔직하게 이야기하자, 남편은 무시하려 했던 게 아니라 도우려 한 것이라고 해명합니다. 사실 어려서 아버지에게 받은 상처 때문에 지나치게 감정이 실린 것 같다고 해명합니다. 이처럼 서로 감정을 표현하고 수용하는 것, 일방적인 승자가 되고자 하는 마음을 반성하기, 이것이 원만한 부부관계의 필수 조건입니다. 가정에서 성공한 사람은 직장에서도 대인관계에 성공하여 직장에 온기가 돌게 만들지요. 감정을 솔직히 표현할 수 있는 가정은 건강하고 밝은 가정입니다. 감정을 억압하고 피하는 가정은 어두워집니다. 생각이 다른 것은 큰 문제가 아니나 감정에 골이 패면 그 골짜기는 곧 절벽으로 침하됩니다.

감정을 소중하게 생각하기

불화는 자신의 상처, 과거에 받은 상처에서 비롯합니다. 어린 시절 놀림을 당한 기억으로 분노가 솟구치고 괴로울 때면 누군가와 대화를 나누어야 합니다. 자신의 이런 기분을 솔직하게 털어놓고 나눌 수 있어야 합니다. 분노를 억압하면 지뢰가 됩니다.

어린 시절 받은 상처는 마음속 깊이 남아 있어 부부간에 극명하게 드러납니다. 대인관계에서도 드러납니다. 상처로 인해 사람들과 가까워질 수 없고 부딪치게 됩니다. 부모 때문에 상처받은 사람은 남편으로부터, 아내로부터 다시 상처받기를 겁내고 피하게 됩니다. 자신을 보호하기 위해 이혼이라는 극단적인 결론을 내리는 것입니다. 머리가 부족하고 논리가 부족해서 부부싸움이 되는 게 아니라 감정을 성숙하게 교환하는 방법을 모르기 때문에 충돌합니다.

조목조목 논리적으로 따져서는 싸움이 끝나지 않습니다. 에고는 언제나 자기가 옳다는 승자의 위치를 내놓으려 하지 않으니 말이지요. 서로의 고충을 이해하려는 태도가 서로 의견이 다른 것을 하나로 만드는 것보다 현명합니다. 솔직하게 상대의 감정을 들으려는 자세, 곧 자신의 감정에 솔직하여 있는 그대로 배우자에게 알려 주는 자세가 중요합니다.

"당신에게 내가 하찮은 존재라고 느껴질 때면 화가 나요."
"나는 당신을 하찮게 본 적이 없어요. 그렇게 생각하는 줄은 몰랐어요."
"나는 오히려 내가 잘못해서 당신이 화가 났다고 생각했어요."
"당신이 그렇게 느꼈다면 미안해요."

부부싸움의 해결사는 논리로 상대를 거꾸러뜨리는 것이 아니라 배우자를 존중하는 열린 마음입니다.

애쓰지 말고 자연스럽게

자연스럽게 알아차려 가는 공부가 아니라, 무엇이 되려는 욕망에 갇혀 있는 한 깨달을 수 없습니다. 상담을 받는 많은 사람들이 치료자를 거인으로 봅니다. 의존 욕구입니다. 신경증을 가진 사람들은 자신을 과장하려 듭니다. 우월함을 인정받으려 하고, 가진 것을 자랑하고 그것을 치료자에게 투사합니다. 그 속에는 열등감이 자만에 버물려져 잠재합니다.

몸을 고통스럽게 혹사하는 것도 병이고 몸을 쾌감 속에 머물게 하는 것도 병입니다. 증상은 나를 괴롭히는 장애이지만 동시에 나를 치료하고 성장하게 만드는 스승이기도 합니다. 극복하면 훌륭한 스승이 되지요. 실망이나 실패를 비난하는 데 익숙하여 자신과 상대방을 다그치고 비난하고 있음을 자각하지 못하면 열등감에 사로잡히게 됩니다.

'나는 못났다.' '어쩔 수 없다.' '나는 쓸모없다.'는 자기 비하야말로 암덩어리와 같습니다. 심해지면 나를 인정해 주지 않은 데 대한 배신감, 거부감으로 치를 떨고 자학하고 자해하거나 타인에게 복수를 감행하게 되어 묻지 마 살인까지 벌이게 됩니다.

하지만 실망을 자주 겪을수록 정신적 성숙을 이룰 수 있습니다. 실패를 탓하는 대신 열등감을 잘 보듬어야 합니다.

숨겼던 바를 드러낼 때 내면의 변화가 시작된다

상담을 해 가면서 자신을 보다 깊이 이해하게 된다는 설명에 대부분의 환자들은 고개를 갸웃합니다.

"내 문제는 내가 잘 알아요. 더 이상 무슨 이해가 필요한가요? 나는 전문적인 처방이 필요합니다. 어떻게 하면 확실히 증상을 없앨 수 있는지 그 방법을 알고 싶어요."

이렇게 조급해하는 것은 심리 치료의 가장 큰 암초 가운데 하나입니다. 변화가 빨리 일어나지 않으면 치료에 대한 불신과 회의에 빠지지요. 마음은 더 조급해지고 때론 원망하고 화를 내기도 합니다. 마치 치료자의 무능 때문에 자신의 문제가 해결되지 않는 것처럼 굽니다. 자신을 이해하려는 노력 대신 남 탓을 하는 것입니다. 극복되어야 할 과제입니다.

내가 진정 보려 하지 않는 부분, 남에게 드러내면 창피하고 꺼려지는 부분을 솔직하게 치료자에게 드러내 보이는 것이야말로 자신의 이해를 위한 첫걸음입니다. 은폐하면 치료는 겉돌게 되고 변화는 일어날 수 없습니다.

물론 상담 초기에 꾸미지 않고 자신을 드러내는 일은 쉽지 않습니다. 치료자에게 잘 보이고 싶고 인정받고 싶은 마음이 작용하기 때문입니다. 내면에서 떠오르는 생각, 감정을 있는 그대로 내보일 수 있게 되고서야 마음의 방어벽이 점점 무너지기 시작합니다. 이렇게 자기 방어를 하는 데 썼던 에너지가 저축되면 삶의 피로가 사라집니다. 점점 자신을 긍정하게 되고 오히려 부끄러움을 숨기는 것이 문제라는 것을 자각하면서 자신에 대한 믿음도 강해지고 생활도 변화가 일어나기 시작하지요. 자꾸 남의 시선을 의식하며 소심해지던 데서 진정한 변화가 찾아오는 것입니다.

어떤 환자는 상담이 끝날 무렵 자신의 문제를 치료하기 위해 집에 가서도 실천할 수 있도록 숙제를 내달라고 하기도 합니다. 그 환자는 이미 인터넷 검색과 심리학 개론서와 정신건강에 대한 책들을 통해 충분한 지식을 가지고 있던 터였습니다. 하지만 우리에게 필요한 것은 더 많은 정보가 아닙니다. 필요한 것은 자신을 더 잘 이해하는 일뿐입니다.

가슴으로 사는 삶이 치유다

모든 고통은 나를 깨우치기 위한 스승입니다. 두려움, 분노, 비교, 판단, 저항, 의심, 혼란, 수치심 등으로 재잘대는 내면의 독백(주절댐) 또한 가슴으로 사는 법을 가르쳐 주기 위해 있습니다. 살면서 긴장을 일으키는 것들은 모두 깊은 관심이 필요합니다. 머리로가 아닌 가슴으로 만나야 합니다. 머리는 문제를 해결하려 애쓰지만 실패합니다. 반면 가슴은 문제 자체를 안아 줍니다.

반복하여 되뇌는 주절댐은 주문처럼 강력한 작용을 합니다. 평생 되뇌어 온 주문들은 망상의 구름일 뿐 푸른 하늘이 아니지만, 버리고 싶어도 좀처럼 버릴 수 없습니다. 이 주절댐은 타인으로 향한 지나친 간섭이나 통제, 비난으로 이어집니다.

명상을 통해 부정적 감정이 자신의 이야기를 하는 것을 가만히 들어 줍니다. 반복해서 되뇌는 주절댐은 깊이 들어 보면 그 의도를 파악할 수 있습니다. 자기 독백은 깨어남을 위한 좋은 명상 대상이 됩니다.

고통은 저항할수록 더 심해집니다. 경험에 저항하기를 멈추고 가슴으로 어루만져 주면 그 경험은 견딜 만해질 뿐만 아니라 훨씬 빨리 지나가는 경향이 있습니다.

고통은, 저항하면 갈등의 구름만 더 커지지만 잘 바라보면 없애야 할 대상이 아니라 가슴으로 품어 주고 사랑으로 안아 줘야 할 대상임을 알 수 있습니다. 따뜻한 바라봄으로 갈등은 사라지고, 삶에 기쁨과 활기가 살아납니다.

그래도 분노와 절망이 가득하다면

어린 헬렌 켈러는 눈이 보이지 않고, 귀도 들리지 않았습니다. 그래서 심술과 분노, 적의로 가득했습니다. 하지만 훗날 잘 성장하여 하버드대학에 합격하게 되지요. 외과적 수술이나 신앙의 기적 때문이 아니었습니다. 그녀에게는 설리반이라는 스승이 있었습니다. 설리반 선생님은 헬렌 켈러의 삶을 완전히 변화시켰습니다. 장애의 고통에 공감하고 포기하지 않는 정신으로 변함없이 그녀를 보살피고 가르친 가정교사 설리반이 아니었다면 위대한 헬렌 켈러도 없었을 것입니다.

설리반도 어릴 적 장애를 겪었습니다. 그리고 훌륭한 스승도 있었습니다. 그는 바로 아니그노스입니다. 아니그노스는 손바닥에 알파벳을 적어 의사소통하는 방법을 시각장애인에게 처음으로 적용한 사람입니다. 어린 시절 설리반은 어머니가 폐결핵 환자였고 아버지는 알코올중독자여서 말을 잘 배우지 못했고, 안질에 걸려 시각을 상실한 적이 있습니다. 어머니를 일찍 여읜 후 아버지에게서 학대당하던 설리반은 고아원으로 보내졌습니다. 그녀는 나중에 두 번에 걸친 눈 수술을 받고 처음으로 글을 읽을 수 있게 되었습니다. 그때 그녀를 가르친 선생님이 바로 아니그노스입니다.

헬렌 켈러의 경우처럼 혼자서 분노와 절망에서 빠져나오기 어려운 경우, 어진 스승에게서 안내를 받으면 절망에서 보다 쉽게 벗어날 수 있습니다. 거짓 스승은 자신이 탐욕 상태에 있음을 자각하지 못하고, 분노의 상태에 있으면서도 알아차리지 못하는 자입니다. 바른 스승은 탐욕의 상태를 곧바로 알고 보는 자이고 성내고 있음을 곧바로 알고 보는 자라고 말합니다. 자각하지 못하면 병이고 자각하면 병에서 벗어나는 것이지요.

주입된 신념 바라보기

내면의 여행에서 만나는 큰 암초는 신념들입니다. 그 신념을 바라보면 배경에 에고가 도사리고 있음을 봅니다. 인간은 에고라는 감옥에 갇힌 죄수와 같습니다. 자유가 없습니다. 자유를 찾아 집을 나선 수행자가 "나는 자연인으로 수십 년간 자유롭게 살고 있어."라며 자신이 자유롭게 살고 있음을 강조합니다. 가족에도 매이지 않고 그 어느 것도 두렵지 않다고 주장합니다. 그는 자유라는 개념(신념)에 자신이 사로잡혀 있음을 모르고 있습니다.

우리는 모든 걸 개념화하여 살고 있습니다. 직접 경험이 없는 삶, 개념화된 삶은 거짓의 삶이요, 개념에 지배받는 허위의 삶입니다.

어떤 신념이냐에 따라 삶이 달라집니다. 우리는 '부모님이 그렇게 말했고 선생님이 그렇게 가르쳤고 종교가 그리하라 했고 경전에서 배웠다.'며 주입된 신념들로 가득한 삶을 살고 있습니다.

한 예로, 여기 사귀는 남녀가 있었습니다. 여자는 '진실한 사람하고만 사귀어야 한다.'라는 신념이 있는 사람입니다. 남자는 일류대를 나왔는데 학벌이 낮은 여자의 환심을 사기 위해 "나는 공부를 못했어."라고 말합니다. 그러나 여자는 '거짓말하는 남자와는 사귀지 않는다.'라는 신념 때문에 얼마 지나지 않아 남자에게 이별 통보를 했습니다. 하지만 며칠 후 남자의 진심을 알고 후회하며 남자를 찾아가 사과했습니다. 그런데 그 남자에게는 '울며 매달리는 여자는 멀리하라.'라는 신념이 있었지요. 결국 두 사람은 신념 때문에 헤어지고 말았습니다.

이처럼, 자신을 진실로 돌아보면 생물학적 프로그램과 심리적 프로그램인 에고에 지배받고 있음을 인정할 수밖에 없습니다. 일기를 써 보면 며칠, 몇 달도 되지 않아 그만둔 경험이 있을 것입니다. 같은 생활, 같은 생각이 반복되므로 그렇습니다.

에고는 상처받지 않기 위해 이야기를 지어낸다

원숭이가 지나가는 여러분에게 "꽥꽥" 하며 소리를 칠 때 여러분은 화를 내십니까?

이번에는 남편이 소릴 지릅니다. 남편의 비난에 아내의 에고는 의미를 부여하고 해석합니다. '남편은 항상 저 모양이야. 누군가가 나 대신 혼내 줘야 해. 나를 무시하고 경멸하고 비난하고 있어. 그것도 다른 사람들 앞에서.'

이렇게 에고는 비난을 자기 것으로 동일시하고선 불쾌해합니다. 현명한 사람은 비난은 그의 것이므로 내 것으로 삼지 않습니다. 내가 아니라 누군가에게 일어난 것처럼 봅니다. 이 관점이 마음 치유의 관건입니다.

많은 고통은 관계에서 옵니다. 우린 모두 관계에서 상처를 받았고 상처를 지니고 삽니다. 상처가 많으면 삶을 경험할 수 없습니다. 창의성이 떨어지고 지혜도, 선명감도, 소통도, 기쁨도, 즐거움도 사라집니다. 상처는 컴퓨터 바이러스와 같습니다. 모든 관계에서 상처는 삶을 망가뜨려 버립니다.

우리는 맨 처음 부모와의 관계에서 삶을 시작하면서 부모가 나를 버리고 떠날지도 모른다는 두려움, 더 많은 걸 가진 형제에 대한 질투 등을 겪었습니다. 처음 유치원이나 초등학교에 가던 때를 떠올려 보면 엄마와 떨어진다는 게 얼마나 무서운 일이었는지요. 거기에 나보다 큰 아이에게서 당한 위협이 겹칩니다. 가까운 사람들이 험한 말을 하고 비난할 때마다 거부당하는 느낌을 받았지요. 그때마다 '나는 제대로 하지 못하고 있어.'라는 열등감을 느끼고 '나는 착하지 않는가 봐.' 하고 자책하게 되고 '또 거절당할지도 몰라.'라는 두려움이 생겼습니다. 학교에서는 친구들에게서 소외당할까 봐 두려워 힘있는 친구들과 함께 약한 아이들을 놀리기도 했고, 더 세게 보이려고 약한 아이를 괴롭혀 보기도 하였지만 열등감과 죄책감에서 벗어나지는 못합니다.

이러한 상처와 경험들로부터 자신을 보호하기 위해 에고는 이야기를 만들기 시작합니다. 에고는 우리에게 끊임없이 잔소리를 해대고 무엇이든 충분하지 않다고 이야기합니다. 자신을 신뢰하기보다는 애써야 하고 똑바로 해내야 한다고 다그칩니다. 다른 사람에게 이해받기를 절실히 원하면서도, 어떻게 하면 이해받을 수 있는지 모릅니다. 거절당하는 걸 두려워하고, 그래서 늘 남들이 어떻게 생각하는지에 신경을 씁니다. 자신을 가치 없다고 느끼며, 사람들이 싫어하는 부분을 감추느라 에너지를 소모합니다. 사소한 잘못에도 심한 죄책감을 느끼며, 이런 죄책감은 자기가 뭔가 잘못하였거나 나쁘다는 느낌을 강화시킵니다.

고통을 경험하는 자체가 치유다

상처로부터 벗어나려고 애쓰는 것은 또 다른 고통을 일으킵니다. 주변을 돌아보면 상처받지 않은 사람은 없습니다. 그런데도 나의 상처만 특별하다고 다들 생각합니다. 왜 하필 나에게 이런 일이 일어나느냐 원망합니다. 이것이 에고의 속성입니다. 실제로 마음은 모두 동일한 구조와 내용들로 구성된 컴퓨터와 같습니다. 분노, 미움 등을 갖고 있는 점에서 동일합니다. 상처를 치유하기 위해서는 상처로 인한 고통을 절절히 경험해야 합니다. 화가 나서 표현하고 싶어도 상대가 무서워 억누르면 우울증, 화병이 생깁니다. 자신감을 잃으니 바깥에 나가 친구들 만나는 것도 스트레스입니다. 괜히 만만한 가족들에게 짜증과 원망을 해대고 심지어 자식에게 폭행까지 하게 됩니다. 술이나 사이버 공간으로 도피하여 안주하고 현실과 부딪치려 하지 않습니다. 점점 집에만 틀어박히게 되니 우울해지고 신체적 불편은 가중됩니다. 기가 죽고 위축되어 타인과 시선을 마주치지 못합니다. 이렇게 반응하고 사는 삶은 에고에 지배받는 삶입니다.

나의 아픔을 충분히 경험해야 다른 사람의 아픔도 이해할 수 있습니다. 그도 나처럼 아팠음을, 상처는 나에게만 있는 게 아니라 그에게도 있음을 자각합니다. 자기중심의 관점에서 함께 공감하는 관점으로 바뀌면 용서가 일어납니다. 용서하면 가슴이 피어나고 평화로워집니다. 삶을 비로소 즐기게 되고 올바른 결정과 판단을 하게 되고 낙관적으로 바뀝니다.

호흡을 바라보노라면 호흡과 호흡 사이에 틈새가 보이기 시작합니다. 그 공간을 확보하면 마음은 지극히 명징하고 차분해짐을 체험하게 되지요. 그 공간은 생각과 생각 사이기도 합니다. 구름 너머의 푸른 하늘이 보이듯, 본래 고향은 늘 우리와 함께 있었고 중심이며 고요 그 자체입니다(〈법성게〉에서 "예부터 본디 고요함을 부처라 부른다[구래부동명위불舊來不動名爲佛]." 하였습니다). 사실 미움도, 사랑도 모두 그 침묵의 근원에서 비롯되었음을 봅니다.

화가 나면 상대방에게 표출해 버리는 대신 호흡을 바라보고 처음 화가 일어난 곳으로 되돌아가 봅니다. 화가 일어난 그 지점에서 화를 느끼고 그 아픔을 느껴 봅니다. 화가 가슴에서 오랫동안 파도치는 것을 느낍니다. 화가 변해서 슬픔이 되었다가 마침내 용서가 일어날 때까지 아픔과 함께 있어 줍니다.

봉숭아 씨앗이 여물기를 학수고대하는 마음과 때가 되면 절로 터져 나오리라는 마음은 하늘과 땅 차이입니다. 어찌해 보려는 마음과 그저 두고 바라보는 마음도 그와 같습니다. 어찌하려는 마음에는 에고라는 구름이 있습니다. 어찌하려 하지 말고 그저 바라봐 줍니다.

스스로에게 두 번째 화살을 쏘지 말 것

삶에서 깨달음은 어떻게 일어날까요? 괴로움에 신음할 때 그 괴로움에서 벗어나려 발버둥 치는 대신, 내적 성찰을 하여 어떻게 이 괴로움이 발생하여 현재에 이르렀고 어떻게 괴로움을 소멸할 수 있는가를 명료하게 알면 깨달음이라 합니다. 깨달음을 비현실적이거나 초자연적인 그 무엇으로 규정하면 신기루에 불과합니다. 그러나 삶에서 고통이 사라진다면 매우 실제적 사건이 됩니다. 누군가는 깨달으면 몸의 고통마저 없는 것처럼 착각하고 그렇게 되기를 바라나 그것은 기적을 기대하고 있는 욕망임을 깨우쳐야 합니다. 《전유경》은 "나의 가르침을 들은 제자들은 고통을 당하더라도 슬퍼하거나 근심하거나 가슴을 치면서까지 힘들어하지는 않는다. 그런 때에 오직 한 가지 느낌만 일으키나니 이른바 몸의 느낌만 있고 마음의 느낌은 없다. 비유하면 첫 번째 화살만 맞고 두 번째 화살은 맞지 않는 것처럼, 몸의 느낌으로는 괴로울지언정 마음에서까지 괴로움을 만들지 않는다."라고 말합니다.

파도를 피할 수는 없지만, 두려워하지 않을 수는 있다

자신의 진면목을 만나게 되면 삶 가운데 간단없이 고통의 물결, 고난의 파도가 밀려와도 더는 두려워하지 않게 됩니다. 그저 파도를 마주하고 파도를 탈 뿐이지요. 파도를 원망하던 삶에서 벗어나게 됩니다.

전체에서 보면 파도는 바다와 분리된 바 없습니다. 자신을 전체에서 분리된 개체로 보지 않고, 전체에 없어서는 안 될 소중한 사람임을 깨닫게 됩니다. 우리의 근원은 갈등하는 자아 너머에 있습니다. 이 여정의 핵심은 갈등하는 자아에 묶여 있던 에너지가 해방되고, 그 결과로 온전히 살아 있다는 기쁨을 되찾는 데 있습니다. 평화는 지금 여기 내 안에 있습니다. 밖으로 찾아다닐 필요도 없고, 그것을 알기 위해 자신을 고칠 필요도 없습니다. 무엇을 희생할 필요는 더더욱 없습니다. 평화는 갈등하는 에고에게서 벗어나면 절로 드러납니다. 갈등하는 에고는 우리의 본래 모습이 아닙니다. 갈등의 구름 너머 푸른 하늘이 우리의 본향이기 때문입니다.

조그마한 호수에 학 두 마리와 거북이가 사이 좋게 살고 있었습니다. 어느 해, 가뭄이 심하여 호수가 말라 들어갔습니다. 학 형제는 여행 중에 본 큰 호수를 떠올리고는 거북이에게 이사를 가자고 제안했지요. 거북이도 동의합니다. 그런데 거북이는 날아갈 수 없는데 어떻게 하느냐고 학들이 걱정하자 거북이가 아이디어를 냅니다.

"너희 둘이 긴 막대의 양 끝을 물고 나는 가운데를 물고 날아가면 돼."

"오! 그거 기발한 생각이네. 단, 우리 모두 비행이 끝날 때까지 어떤 일이 있어도 입을 벌리면 안 되겠군."

"그래! 그렇게 하자."

그리하여 셋은 사이좋게 막대를 물고 마을을 지나 날아갔습니다. 마을을 지날 때마다 사람들이 학들을 칭찬합니다.

"참 착하고 현명한 학들이야."

그러자 학들만 칭찬받는 게 기분이 나빠진 거북이는 마지막 마을을 지날 때 더 이상 참지 못하고 소리칩니다.

"이건 내가 낸 아이디어라고!"

거북이는 어떻게 되었을까요? 거북이가 구름의 삶 너머 푸른 하늘의 삶을 볼 줄 알았더라면 어땠을까요?

에고를 분명히 자각하라

에고는 자아의식입니다. 내가 있다고 생각하고 믿고 있을 뿐임을 자각하는 게 깨달음이고, 에고라는 감옥 안에서 벗어남을 깨어남이라고 합니다.

자아란 환상은 감각들의 빠른 융합 – 감각들이 빠르게 일어나 하나처럼 보이는 착각이요, 환상입니다. 마치 선풍기 날개들이 빠르게 돌면 원 하나로 보이는 것처럼 우리는 감각의 감옥에 갇혀 있습니다. 이 환상을 고정화시켜 별개로 보고 이것을 나와 동일시 하였습니다.

감각들로부터 자유로워지면 삶이 피어납니다. 붓다는 일찍이 몸의 오감처럼 마음도 기계와 같음을 역설하였듯이 마음이 기계처럼, 컴퓨터처럼 작동함을 보세요. 지각하고 감수하고 분별하고 추상하고 인식하고 결론 내립니다.

마음의 중심에 두려움이 있고 화 · 비교 · 질투 · 욕정 등 동일합니다. 마음은 마음일 뿐. 소리 · 냄새 · 맛 · 촉감, 모두 왔다 가는 것이고 경험일 뿐입니다. 내가 아니고 나의 것이 아닌데 나로 잘못 동일시하였음을 깨닫게 되면, 이 몸과 마음을 나의 것으로 동일시 하지 않고 소유하지 않게 됩니다. 이 잘못된 동일시를 자각하는 것이 바로 무아이고 진정한 나로 깨어남입니다(불교의 사상인 삼

214

법인[제행무상 - 제법무아 - 일체개고] 중에서도 무아의 사상은 핵심 사상입니다). 깨어나면 모든 게 경이롭습니다. 내가 있다고 생각하고 믿고 있을 뿐 나는 없습니다. 목격할 뿐이고 경험할 뿐입니다. 경험을 나로 동일시하지 않습니다.

마음은 엄밀하게 보면 생각과 감정의 흐름일 뿐입니다. 마음의 주인이라 자처하는 에고의 속성은 의미를 찾고 질문을 계속 해댑니다. 질문자가 사라지면 질문이 사라지고 대답도 사라지고 질문과 대답이 무의미한 쓰레기임을 알게 됩니다.

마음은 모셔야 하는 존재가 아니라 사용되는 존재입니다. 마음에 지배당해서는 감옥의 삶입니다.

영화 속 인물이 현실로 나와서 우리를 죽일 수 없듯, 영화 속 등장인물은 환상일 뿐입니다. 컴퓨터 안에 누가 없듯이 생각하는 나, 호흡하는 나는 없고 생각과 호흡만 있을 뿐입니다. 나라는 개아는 없습니다. 나는 연합체일 뿐, 개체가 아닙니다.

에고의 껍질을 벗고 깨어나면 특별해지는 건 아닙니다. 삶은 동일합니다. 직업도 같고 집도 가족도 동일하지만 모든 게 아름답습니다. 모든 것과 분리되지 않은 큰 존재로 존재합니다. 경험하는 지성이요, 기쁨입니다.

환상의 자아를 유지하기 위해 수많은 이야기를 만들었고, 방어체제를 구축하였고, 조건화되었음을 봅니다. 생각, 기억에 갇혀 꽃을 제대로 보지 못하고 상쾌한 공기도 제대로 경험하지 못하고, 삶을 놓치고 있음을 자각합니다.

몸과 마음을 자아로 여기는 것은 에고의 작용입니다. 에고는 아주 어린 시절부터 형성되어서 자리 잡은 심리구조이기에 에고의 주된 특성을 우선 알아야 합니다. 육체와 동일시하는 신체적 에고와 마음과 동일시하는 정신적 에고가 있습니다. 사실 몸과 마음은 나름의 법칙대로 움직이는데 내 마음대로 움직이는 것처럼 착각하게 만드는 것도 에고의 작용입니다. 에고를 나로 여기는 삶은 에고의 지배를 받는 노예의 삶입니다. 에고에 따르는 삶은 자신에게나 사회에나 좋지 않은 영향을 끼칩니다. 에고는 나의 이익을 최우선으로 하기에 갈등을 만들어 냅니다. 에고의 욕구는 한계가 없어서 탐욕을 속성으로 합니다. 폭력마저 정당화합니다. 이 에고와 나를 동일시하면 고통이 시작됩니다.

에고는 내가 아님을 깨달으면 고통은 사라집니다. 어떤 불쾌한 경우라도 내가 아니라 누군가에게 일어난 것처럼 볼 수 있습니다. 깨어나지 않은 사람에게 상처는 실재이지만 깨어나면 상처는 환상이요, 착각일 뿐입니다.

상처란 에고가 만든 개념일 뿐

진정한 나는 경험되어야 합니다. 설명되는 것이 아니라. 불성 - 신성과 하나가 되어야 합니다. 〈법성게〉에서 "진정한 성품은 지극히 미묘하다."라고 하였습니다. 진정한 나를 실체적으로 파악하려 들면 그릇됩니다. 마치 허공을 개념으로 파악하려는 것과 같습니다. 그러나 진정한 나도 없다고 무아를 규정하면 허무론이 되고 단멸론에 빠지고 맙니다(현재 불교계는 유아론과 무아론이 대립하고 있습니다. 마른 지혜의 논쟁으로서 붓다가 경고한 희론입니다).

철학은 물을 설명하는 것이라면 명상은 물맛을 보는 것입니다. 명상은 참지혜를 맛보게 합니다.

먼저 정신적 자아(에고)와 마음으로부터 분리가 일어나야 참나로 깨어나게 됩니다. 깨어남이 일어나면 관점이 바뀝니다. 몸과 마음을 사용하고 이용당하지 않게 됩니다. 나에 대한 관점이 바뀌면 항상 컨트롤 하려 들고 아무도 믿지 못했던 삶에서 벗어나게 됩니다.

어머니가 나를 낳을 때의 고통과 두려움을 경험해야 어머니를 이해할 수 있습니다. 출산 시 산통 속에서도 어머니가 부드럽게 어루만졌던 느낌을 명상 중에 맛보아야 합니다. 만성적으로 반복되는 문제들, 이유를 알 수 없는 문제들, 뿌리 깊은 경향이 최초 인류부터, 태중부터 그리고 기억하지 못하는 어린 시절에 경험한 상처로부터 온 것들임을 보게 됩니다. 우리는 상처마저 자기 것으로 동일시하고선 불쾌해 합니다. 에고는 해결책처럼 보이는 것을 제시하며 마치 자기가 주인인 듯 행세합니다. 관점이 바뀌면 내가 아니라 누군가에게 일어난 것처럼 볼 수 있습니다.

상처받아 보지 않은 사람이 있을까요? 나의 상처만 특별하다고 생각하지요? 나의 생각도 감정도 나의 경우는 특별하다 여기지요? 다른 사람과는 다르고 별개라고 생각하지요?

분노, 미움 등을 갖고 있는 점에서 마음은 모두 동일한 구조와 내용들입니다. 몸도 그렇지 않나요? 눈, 귀, 코, 입, 소화기관, 배설기관, 심장과 뇌 등 같은 구조물 아닌가요? 상처란 에고가 만들어낸 개념에 불과합니다. 에고가, 마음이 의미를 부여하고 해석을 가한 것에 불과합니다.

고통을 경험하는 자체가 진정한 용서이고 치유입니다. 상처로부터 벗어나려는 노력 자체가 또 다른 고통을 일으키는 법임을 자각합니다.

상처를 종결시키기 위해서는 용서가 필요합니다. 용서하기 위해서는 상처를 충분히 재경험해야 합니다. 상처가 치유되면 행복과 건강이 찾아옵니다. 용서하면 가슴이 피어나고 창조적으로 변합니다. 평화롭고 삶을 비로소 즐기게 되고 올바른 결정과 판단을 할 수 있으며 낙관적으로 변합니다.

에고의 틀에서 벗어날 수 있는 힘

알아차림

에고는 의식 작용의 하나로 자아의식에 불과합니다. (유식불교에서 제7식—말라식이 그것입니다.) 자아의식의 형성 과정은 유아 시절 부모가 불러 준 이름을 기반으로 아이가 지각하는 물건들, 좋아하는 장난감들이 편입되기도 하고 좋고 나쁜 경험과 기억들과 신념들이 추가되며 민족, 국가, 종교 등이 더해져서 자아 정체성으로 굳어지면서 독특한 성향을 갖추게 됩니다. 무엇보다 몸을 나로 여기고, 생각과 감정, 의지를 나로 여기게 됩니다. 특히 끊임없이 흐르는 상념들을 자신과 동일시하고 생각에 뒤따르는 감정들을 자신으로 편입시킵니다. 끊임없이 재잘대고 이야기를 꾸미는 주인공으로서 자아(에고)는 생각과 감정, 의지 등으로 구성된 정신 구조물입니다.

에고에 사로잡혀 있는 한 마음 편할 날이 드뭅니다. 에고는 나는 옳고, 우리가 옳고, 너와 너희들은 틀리다는 틀에 가둡니다. 시비를 판가름하는 판단 작용을 끊임없이 해댑니다. 에고는 상처받지 않으려 갖가지 방어 체계를 갖추고 있습니다. 대표적인 것이 부정과 투사 작용입니다. 내 책임이 아니라고 부정하고 상대에게 떠넘기지요. 더 은밀한 방어 작용은, 너무 큰 상처나 치욕을 마음속 깊은 곳 누구도 볼 수 없고 자신마저 볼 수 없는 깊은 곳에 묻어 버리는 억압 작용입니다. 이렇게 무의식에 저장된 내용은 변형되어 꿈으로 그 일부가 나타나게 됩니다.

에고에 의해 개인 간의 충돌부터 나라 간의 전쟁, 심지어 종교 전쟁이 일어납니다. 마음의 상처를 보고 알아차리면 자신이건 타인이건 연민으로 감쌀 수 있습니다.

이렇게 지켜보고 알아차리는 힘은 에고 의식 너머 마음 깊은 곳, 근원에서 나옵니다. 이 순간 알아차림으로 깨어 있으면 에고는 힘을 잃습니다. 마치 하늘이 태풍이나 먹구름에 영향받지 않는 것처럼. 현존은 그와 같습니다.

에고는 가짜 주인이기에 참주인으로 살려면 에고의 껍질을 깨고 나와야 합니다. 자아라는 감옥에서 벗어나 진정한 나로 살아가는 것이 공空이요, 무아無我입니다(공은 불교에서 '실체가 비어 있음'을 뜻하는 말로, '나라고 하는 실체가 없음'을 뜻하는 무아와 동의어입니다). 참나는 실체가 없으므로 무한한 가능성입니다.

자아의식이란 '내가 있다.'라고 생각하고 있을 뿐 혹은 믿고 있을 뿐임을 숙고해 봅니다.

고정된 개념과 지식에서 벗어나면 자아란 환상에서 벗어나게 됩니다. 감각들의 빠른 융합 - 감각들이 빠르게 일어나 하나처럼 보이는 착각이요, 환상입니다. (마치 선풍기 날개들이 빠르게 돌면 원 하나로 보이는 것처럼 감각의 감옥에 갇혀 있습니다.) 이 환상을 고정화시켜 별개로 보고 이것을 나와 동일시하였음을 보아야 합니다. 환상의 자아를 유지하기 위해 수많은 이야기를 만들었고, 방어 체제를 구축하였고, 조건화가 일어나고 사회화되었음을 보면 깨어나게 됩니다.

우리는 생각과 기억에 갇혀 산을 제대로 보지 못하고 밥도 제대로 먹지 못하고 상쾌한 공기도 제대로 경험하지 못합니다. 삶을 놓치고 있음을 자각합니다. 감각들로부터 자유로워지면 삶이 피어납니다.

10
아픔을 돌보는 방법들

명상은 반발이나 비난, 수치심, 두려움에 빠져있는 자신을 바라보는 시간입니다. 내면에서 무엇이 일어나든 호기심으로 바라보면, 삶에서 일어나는 어떤 것도 더 이상 두려워하지 않게 됩니다. 시련도 자신을 위한 것이며, 나를 깨우쳐 주기 위함이라는 것을 안 후로는 열린 가슴으로 무엇이든 발견하려는 태도로 바뀝니다. 삶의 파도가 어떻게 휘몰아치든 경험하고 지나가면 깨우침만 남을 뿐입니다.

우리의 내면에는 오만, 비교, 질투, 원한, 무력감, 자기 비하 등등 남들에게 숨기고 싶은 온갖 것들이 들어 있습니다. 그러나 이것들은 누구에게나 있기에 숨길 이유가 없습니다. 완벽한 척할 필요도 없습니다. 에너지 소모가 너무 많기 때문입니다. 다만 바라보아도 사라지지 않는 끈질긴 저항이 있다면 그것들이 하는 말에 깊이 귀 기울일 필요가 있습니다. 뿌리 깊은 경향은 저항하면 할수록 더욱 힘이 세져서 벗어날 수 없게 우리를 옭아맵니다. 반대로 받아들이고 인정해 주면, 그것들은 점점 부드러워져 힘을 잃게 됩니다. 삶을 온전히 살기 위해서는 내면에서 일어나는 모든 것에 열려 있어야 합니다.

용서 명상

나 자신에 대한 연민과 남에 대한 연민은 상호 의지하고 있습니다. 나에 대해서는 모질면서 남에게만 관대할 수 없습니다. 그것은 조건적 관대이거나 관대를 가장한 가짜 관대일 수 있습니다. 용서하는 마음은 사랑의 다른 형태입니다.

죄책감은 용서와 다릅니다. 죄책감에 사로잡히면 용서하기 어려운 마음이 됩니다. 용서는 고통받는 이에 대한 지극한 연민에서 비롯됩니다. 나도 고통받지 않으려면 남의 잘못을 용서해야 가능합니다. 잘못을 뉘우치는 것은 남에게 책임을 전가하지 않는 주체적인 행위입니다. 분노가 있는데 용서가 이루어질 수 없습니다.

학교에서 반 애들에게 시달리고 급기야 폭행까지 당한 학생의 마음을 위로하려면 먼저 가해 학생들이 용서를 구해야 합니다. 그런데 학교 선생님이나 부모님이 '처벌'만이 능사가 아니라고 피해 학생을 설득한다면 피해 학생의 마음에 남은 상처는 아물 수 없습니다. 그 분노는 쌓여 병이 되고 말 것입니다.

다만 명상을 하는 사람이라면 상대방이 사과하거나 뉘우치지 않더라도 용서할 수 있습니다. 내가 고통을 받은 만큼 상대방도 동등하게 상처 입고 고통받는 존재임을 인정하기 때문입니다. 내가 용서하지 않으면 그 또한 고통을 받을 것입니다. 나 또한 알게 모르게 남에게 상처를 주었을 터인데 내가 행복하려면 그들이 나를 용서해 주기를 빌어야 합니다. 따라서 용서 명상은 용서를 구하고 용서를 하는, 두 과정으로 이루어집니다.

삶을 돌아보고 내가 살아오면서 상대방에게 고통받은 일들을 떠올려 봅니다. 첫 번째 단계에서는 상대방이 나에게 가한 모욕과 상처가 떠오르면 그가 행복해질 수 있도록 용서합니다. 두 번째 단계에서는 내가 상대방에게 고통을 안겨 준 일들을 떠올리고 그 사람에게 용서를 구합니다. 용서하기와 용서 구하기는 상처를 치유하고 화해가 일어나고 고통에서 벗어나게 합니다.

그러나 이것만으로 부족합니다. 양방향의 용서가 원만히 이루어지려면 상대방만 보아서는 안 되고 자기 자신을 보아야 합니다. 스스로 자신에게 고통을 가하지는 않았는지, 자기를 학대하거나 자신을 욕하지 않았는지 보아야 합니다. 내 안의 보기 싫고 없애고 싶은 면들을 잘 보아 그것들을 따뜻한 마음으로 감싸야 합니다. 자신의 부족하고 좋지 않은 성향이나 습벽들에 대해 연민을 일으키고 사랑으로 어루만져야 합니다. 자신을 용서하는 것이 용서 명상의 셋째 단계입니다.

용서 명상은 자신을 용서하고 타인을 용서하는 명상입니다. 스스로 용서하지 못하면 남을 용서할 수 없는 건 자명합니다. 원수를 사랑하기 위해서는 먼저 자신을 용서하고 타인을 용서해야 합니다.

용서는 자신과 남의 부족한 점은 받아들이고 좋은 면은 더 잘보게 된다는 뜻이기도 합니다. 상대방의 부족한 점은 연민으로 대하고 좋은 점은 부각시켜 칭찬한다면 잘못은 힘을 잃게 됩니다. 어둠이 빛에 의해 물러나듯이 좋은 면을 보고 좋아하고 기뻐하고 칭송하는 마음이 사랑입니다.

모든 살아 있는 존재들은 고통을 싫어하고 행복을 원합니다. 그들이 고통에서 벗어나도록 용서하는 마음을 훈련하는 것이 용서 명상입니다.

외로움에 대한 근본적인 해결책

거절당할 것이라는 부정적인 신념은 우리를 위축시키고 아프게 만듭니다. 우리를 자유롭지 못하게 묶는 올가미가 됩니다. 사랑받지 못할까 봐 두려워하는 마음이 관계를 피하게 하고 스스로를 고립시킵니다. 외로움은 고립감과 소외감, 박탈당했다는 마음입니다. 사랑받지 못하고 존중받지 못하고 비난과 꾸지람을 듣고 자란 사람에게 각인된 흉터입니다. 이 흉터를 자애로 감싸 녹여야 합니다.

우리는 나 자신과 분리되어 있고 남들과 분리되어 소외감을 키우고 있습니다. 외로울 수밖에 없습니다. 분리감이 모든 문제의 진원지입니다. 분리감은 에고 또는 자아라는 개념이 작동해서 발생합니다. 자신과 대지, 물, 공기와 연결되어 있는 존재인데도 그걸 모르고 살아갑니다.

나는 주변 환경과 연결되어 있고 대지와 푸른 하늘이 나의 든든한 배경입니다. 따사로운 태양도 좋은 친구이자 후원자요, 어느 것 하나 나와 별개로 분리된 것들이 아닙니다. 스스로 소외시키고 있을 뿐. 그 주범은 나라는 에고—나라는 생각, 나라는 고정관념(이를 《금강경》에서는 아상我相이라고 표현합니다)입니다.

모든 것과 하나 됨을 느끼면 외로움과 두려움은 사라집니다. 예전처럼 반응하지 않고 갈등이 없고 분리감에서 비롯된 두려움이 없습니다. 아인슈타인은 말했습니다.

인간은 우주라는 전체의 일부로서 연결되어 있는데도, 나라는 신념에 의해 분리감을 느끼는데 이것은 의식의 착시 현상이다. 이 분리감이 근본 미혹으로 우리를 애착의 감옥에 가두고 있다. 이 감옥에서 자신을 해방시키는 것이 우리의 사명이다.

모든 사물에 생명이 깃들어 있음을 봅니다.
모든 사물이 연결되어 있음을 봅니다.
신성함을 모르고 필요에 따라 상대를 보아 왔음을, 다른 사람을 경험하지 못했음을, 탓만 하고 구속하고 당연시하고 지나친 것들의 소중함을 봅니다.

조건적인 사랑과 조건 없는 사랑

일상에서의 사랑은 대부분 조건적인 사랑입니다. 그가 나에게 잘해 주기에 좋고 사랑스럽지만 나에게 잘못 대하고 상처를 주면 곧 증오의 대상이 돼 버리고 맙니다.

조건적인 사랑과 친절은 상대에게서 되받을 가치가 클수록 더욱 사랑스럽습니다. 그러나 조건적이기 때문에 가변적입니다. 상대방이 기대를 저버릴 때면 쓰라리고 아파하다가 불같이 화내고 미워하게 됩니다. 원한이 사무치는 관계로 돌변합니다. 사랑이 증오로 한순간에 바뀌고 말지요. 이것이 조건적 사랑의 참모습입니다. 분리되어 있는 의식 상태입니다. 닫힌 마음은 조그만 자아로 고립되어 소외를 낳고 대립하고 분리된 마음입니다. 심하면 고독에 절망하게 되고 자살에 이릅니다.

흉포하기 이를 데 없기로 소문난 사람이 어느 날 철길로 뛰어드는 어린아이를 보고 아무 조건 없이 아이를 구해 냅니다. 이때 흉포한 사람의 마음은 흉포함 대신 사랑과 연민의 마음으로 변해 있습니다. 참사랑으로 가득 차는 순간 대상과 하나로 연결되어 대상의 안위를 걱정하고 염려하는 마음이 됩니다. 이는 열려 있는 의식 상태입니다.

마음은 본래 맑고 푸른 바탕을 가지고 있음을 봅니다. 마치 푸른 허공처럼, 번뇌의 구름들에 짙게 가려져 있을 뿐. 그 구름에 의해 마치 하늘이 구름으로 오인받기 쉽지만 구름이 걷히면 본래 하늘이 드러나듯이 본래 청정하고 순수한 의식은 하늘처럼 하나입니다. 구획 없고 분리되지 않은 온 마음입니다.

옷 한 벌에 얼마나 많은 사람들이 관련되어 있는지 봅니다.
전 우주가 이 옷 한 벌과 연관되어 있음을 봅니다. 옷감을 이
룬 면화 송이를 위해 쓰였을 수많은 손길의 수고로움과 수많
은 물과 햇빛과 공기와 흙의 도움을 느껴 봅니다.

명상 중에 고요를 느끼다가 생각이 몰려오면 고요와 평화가
깨지고 생각 중에 수치심을 느끼고 후회하고 있음을 봅니다.
생각을 찬찬히 바라보면 수많은 일들과 상황이 어우러져 있
음을 봅니다. 그런데도 생각을 나의 것이라고 주장하고 부정
적인 생각을 나와 동일시하여 못난 나라고 자학하고 있음을
봅니다. 불안해하고 있음을 보고, 욕정에 휩싸임을 보고, 죄
책감에 시달림을 봅니다.

탐닉하는 이유는 뭘까요? 내 것이라 여기기 때문입니다.

이렇게 보고 또 봅니다.

여러분이 부모님에게서 어떤 상처를 받았는지 떠올려 보세요. 어릴 때건 자란 후이건…….
그 상처를 적어 보세요.

부모님께 표현하지 못한 것을 표현해 보세요. 화, 질문, 하고픈 말, 못 했던 말들, 서운함, 억울함, 미안함 등의 감정을 떠올리고 토로합니다.

그리고 용서합니다. 감사하다고 안아 드리고 사랑한다고 말해 봅니다. 아마 처음으로 부모님께 사랑한다고 말하는 사람도 있을 수 있습니다. 명상 중에는 어떤 것이든 가능하고 어색해할 필요도 없습니다.

명상 중의 경험과 깨달음을 기록합니다.

나를 지배하는 모든 신념들을 적어 봅니다. 특정 상황에서 같은 생각이 반복되는 것을 보고, 해결 방식도 같은 걸 봅니다.

이때 에고를 잘 이용할 필요가 있습니다. 개념화도 필요합니다. 그러나 지배당하지는 않아야 합니다. 에고에 지배당하지 않고 잘 부리면 온전히 주인공이라 할 수 있습니다. 이를 두고 임제 선사는 "가는 곳마다 주인이 되라."라고 합니다(隨處作主 가는 곳마다 주인이 되고 入處皆眞 이르는 곳마다 진실이 되네).

명상 중의 경험과 깨달음을 기록합니다.

어린 시절을 돌아봅니다. 떠오르는 기억들이 무엇이든 허용하겠다는 의도를 명확히 합니다.

아무리 두렵고 아픈 기억이라도 기꺼이 마주하리라 결심합니다.

이제 무엇이 떠오르나요?

떠오르는 장면과 사건에 집중하여 그때 겪은 아픔, 두려움, 분노, 좌절, 당혹, 외로움 등을 경험합니다.

그 두려움이, 그 아픔이 나를 어떻게 행동하고 반응하게 만들었나요?

두려움의 세계에 빠지게 만드는 일들이 반복되었고, 그 두려움을 겁내게 되었음을 자각합니다. 그리하여 삶은 두려움에서 벗어나려 애쓰는 싸움터가 되었음을 봅니다. 잠시 기분 좋은 상태도 있지만 오래 지속되지 않았고, 두려움의 세계에서 벗어나려 애쓸수록 내면에 있는 평화는 점점 더 볼 수 없게 되었음을 봅니다.

명상 중의 경험과 깨달음을 기록합니다.

현재 겪고 있는 힘든 일을 하나 떠올려 봅니다.

"이 시련 속에서 찾아야 할 보물은 무엇인가?"라고 내면에 질문해 보세요.

명상 중의 경험과 깨달음을 기록합니다.

4부 에고로부터 깨어나다

지금이 최고의 시절

봄에는
일만 송이 꽃이 피고
가을에는
달이 뜨네.
여름에는
시원한 바람이 불고,
겨울에는
눈이 내리네.
우리의 마음이 불필요한 것들에 의해 가려지지 않는다면
바로 지금이 당신 삶의 최고의 시절인 것을.

—무문 혜개

11
지식에서 벗어나 참된 삶으로

아이의 웃음을 볼 때 그 얼굴의 근육들을 알아야 하나요? 하늘의 별을 볼 때 별의 구성 요소를 알아야 할까요? 아름다운 꽃을 보았을 때 우리는 어떻게 반응하지요? 순종인지 변종인지 잡종인지 분별하느라 꽃을 감상할 줄 모르고 있음을 봅니다.

수많은 정보들로 세상을 본다면 지식으로 삶을 사는 것입니다. 하지만 삶은 퍼즐이 아닙니다. 알아야 하는 게 아니라 경험해야 하는 것입니다. 지식은 경험이 아닙니다. 지식은 경험을 하지 못하게 가로막습니다.

한 신부가 미사 때마다 기르던 고양이를 곁에 두고 집전했습니다. 10년 후 신부가 죽고 후배 신부가 집전할 때도 고양이는 곁에 있었지요. 고양이가 죽자 다른 멋있는 고양이를 미사대에 두고 미사를 보았습니다. 시간이 흘러 100년이 지나자 고양이는 미사에 필수적 존재가 됩니다. 고양이 없는 미사는 상상할 수 없게 되었습니다.

이와 같이 기존에 있어 왔다고 해서 모든 걸 맹목적으로 따르는 것이 과연 바람직할까요? 또 다른 예를 들어 볼까요? 시골 마을에 살던 친구가 키우던 닭을 들고, 가장 친한 친구인 이장의 생일을 축하하러 갑니다. 이장의 부인은 그 닭을 잘 요리하여 친구에게 대접합니다. 친구가 맛있는 닭 국물 맛에 감탄하여 집으로 와서 이를 칭찬하자 친구의 아내가 옆집 아낙에게 소문을 냅니다. 옆집 아저씨가 이장을 찾아가 나도 국물 맛을 보게 해 달라 합니다. 그 이웃의 이웃도 소문 듣고 찾아옵니다. 마지막 집에서 찾아올 때는 국물이 동이 나서 국에 물을 붓고 소금을 넣어 줍니다. 이는 국물의 국물의 국물의 국물입니다. 원래의 국물은 없어지고 물과 소금을 더 넣은 국물만 남은 셈이지요.

붓다나 예수 같은 성인들의 본래 뜻은 사라지고 껍질만 남아 사람들은 그것을 앵무새처럼 따라 반복합니다. 개념만 남고 지혜가 사라진 것입니다. 종교 의례가 중시되고, 멀건 국물처럼 본래 정신은 사라져 버린 것이 오늘날 종교의 현실입니다.

명상은 개념지 대신 체험지를 일궈 냅니다. 숙고 명상 중에는 생각지 못했던 과거의 기억이 저절로 떠오릅니다. 이를 명상 중에 다시 경험하면 가슴에서 기쁨이 일어납니다. 경험이 일어나면 참으로 믿게 되고 참으로 붓다와 예수를 만나게 될 것입니다.

돌아보기　환상과 추측으로 살아왔음을 돌아봅니다.

내면의 진실을 봅니다.

불신과 믿음 사이에서 왔다 갔다 하고 있음을 봅니다.

어디에 있든 완벽합니다. 저항하지 말고 지금 여기에 머뭅니다.

참나를 찾으면 자유와 즐거움이 온다

앞서 언급했듯 에고는 자신의 모든 (육체적 - 언어적 - 정신적) 행동에 대해서 결정하고 주재하는 자로 자처합니다. 에고는 주인으로 행세합니다. 에고는 끊임없는 욕구와 불평을 쏟아 내는 존재지요. 만족을 모르기 때문입니다. 에고는 끊임없이 판단합니다. 옳고 그름을 따지고, 우열을 비교하고, 자신에게 이로운지 손해인지 주판알을 튕깁니다. 조금이라도 손해를 보거나 지고 싶지 않아 하는 마음 작용입니다. 상처받지 않으려고 늘 경계하고 실패(손해)

를 두려워합니다. 옳은 일을 하려 해도 가만히 속삭이는 버릇이 있습니다. '과연 그게 옳은 걸까?'

이렇게 우리를 회의하게 하여 갈등을 연출하는 장본인입니다. 교묘하게 자신을 드러내지 않고서 우리를 통제하고 지배하려 드는 모든 것을 통틀어 에고라 합니다. 에고는 거짓 희망과 거짓 두려움을 양산합니다. 에고는 참주인을 감금하고 주인 행세하는 거짓 주인이기 때문입니다. 그래서 늘 제 정체가 탄로날까 봐 전전긍긍합니다. 몸과 마음의 통어자로 자처하며 우리를 몸 안에 가두어 한계 지음으로써 그 껍질을 깨고 나오려는 노력에 두려움이라는 찬물을 끼얹습니다. 집착이 너무나 강해서 모든 걸 자석처럼 끌어당겨 소유하려 들거나 조금이라도 마뜩찮으면 배척합니다. 두꺼운 껍질을 쓰고서 자신의 정체성을 공고히 합니다. '왕자와 거지' '돌아온 탕자' '가짜 왕' 등으로 동화와 경전들에 등장하는 모티브의 주인공이 바로 에고입니다. 그러나 가짜 나인 에고를 통해 진정한 나로 복귀할 수 있으니 에고를 자각하는 것은 중요합니다.

에고가 우리를 속이는 작용은 워낙 은밀해서 무의식적 방어 작용이라 일컫습니다. 심리 분석과 명상 상담을 통해야만 비로소 드러나는 방어 체제입니다. 심리 상담과 명상을 통해 에고의 기만과 유혹에서 벗어날 기회를 얻습니다. 명상을 통해 자신의 내면을 들여다보는 시간을 통해서 에고의 탐욕(집착성)과 공격성(배척성)에서 서서히 자유로워집니다. 자기성찰이야말로 직접적인 앎(직관)을 일으키고 의식의 확장과 성장을 일궈 냅니다. 비로소 참된 나로서 살 수 있게 되어 삶이 갈등에서 즐김으로 변합니다.

가슴을 느끼면 에너지가 깨어난다

그래서 가슴을 느끼는 훈련이 필요합니다. 가만히 눈을 감고 양손바닥을 하늘로 향해 무릎 위에 올려놓고 양손의 감각을 느껴보세요. 느끼는 것은 생각하는 것이 아닙니다.

가슴에서 느껴 보세요. 몸 전체에서 에너지를 느껴 보세요. 생명력은 생각으로 이루어진 개념이 아니고, 모양을 갖추지도 않지만 존재하는 에너지입니다. 공성은 없음이 아니라, 생명의 근원으로 만물을 잉태하는 미묘한 에너지입니다. 호흡과 함께 이 현존(순수한 있음)을 가슴에서 느껴 봅니다. 텅 비었지만 활발하게 움직여 만상으로 나타나는 생명력은 개체라는 한계에 가둘 수 없습니다. 에고의 껍질이 깨지는 순간 나와 자연, 나와 세계는 연결된 하나임을 경험합니다. 모든 것과 연결된 에너지. 무아란 내가 없음이 아닙니다. 내가 있다, 없다 식의 이분법적 사고에서 벗어나는 것입니다. 나는 별개의 고립된 개인이 아니라 연결된 하나로서의 나입니다. 우리는 모두 하나이면서 전체입니다. 사실 이 몸은 우주 자연에서 받은 물질들로 구성되지 않았습니까. 빛과 공기와 물과 식물, 동물, 무생물, 대지에 의해 그리고 공간과 더불어 서로 의존하며 살고 있지 않은가요? 우리는 모든 것으로부터 비롯되었고 모든 것과 연결되어 있습니다.

우주는 사랑이 바탕입니다. 몸을 이루는 세포 하나하나에 이 사랑이 가득하건만 우리는 그 사랑을 바깥에서 찾는 데 몰두하고, 자신을 사랑해 줄 누군가를 찾아 방방곡곡을 돌아다니지만 결국 만족하지 못하고 실패했습니다. 그 사랑이 밖에서 채워지리라는 환상을 자각하지 못하면 외롭게 삶을 마칠 것입니다.

살며시 가슴 위에 손을 얹고, 그동안 찾았던 스승이 바로 자기 자신일 수도 있다는 사실을 가만히 느껴 봅니다. 평화로운 숲속이나 초원, 바닷가, 계곡 속에서 가만히 눈을 감고 앉아 있으면, 고요와 침묵을 느낄 수 있지요. 그러나 우리는 내면에 있는 본래 고요에 대해 까마득하게 잊고 살았지요. 가슴에 귀 기울이는 연습을 하지 않았기 때문입니다. 이제 내면에 주의를 기울이고 귀 기울이면 만나는 것은 적막함이 아니라, 고요한 가운데 충만하고 풍요로운 사랑과 지성임을 알게 됩니다. 이는 우리와 늘 함께하는 '불성(신성)'이지요. 고요한 현존, 본래 고요 속에 전해 오는 사랑은 언제나 나와 함께 합니다. 본래 고요함(의상 대사는《화엄경》을 요약한〈법성게〉에서 진정한 성품은 미묘하고 본래 고요하다 하고 인격화하여 부처라 한다 하였습니다.)과 맞닿으면 삶을 온전히 경험하며 살 수 있게 됩니다.

부정적인 경험조차 자산이 된다

머리가 아닌 가슴에서 경청하고 숙고하고 자각하고 느끼는 명상을 통해 의식은 보다 깨어납니다. 가슴에서 감정을 느끼고 지켜보면 놀라운 경험을 하게 됩니다. 좋은 감정은 그대로 남고 나쁜 감정은 사라짐을 경험합니다. 사랑과 연민은 자라나고 미움과 분노는 이윽고 사라집니다. 그래서 명상은 머리로 하는 게 아니고 가슴에서 하는 것입니다. 머리로 하는 것은 마른 지혜에 불과하여 변화가 없습니다. 가슴으로 보고 듣고 느껴야만 진정한 앎이 되고 지혜가 됩니다. 보다 깊은 의식 ― 근원 의식, 배경의식, 순수 의식, 우주 의식 등으로 표현되는 우리의 진면목 ― 으로서 가슴의 중심에서 오랜 세월 잠들어 있던 신성(불성), 우리의 본래면목이 드러납니다. 우리는 가슴에서 진정한 자신을 찾게 됩니다. 우리 안에서 참나를 찾게 되는 것입니다. 그 순간 우리는 오직 의식에 대해서만 의식하게 됩니다. 더 이상 의식해야 할 것도 없는 궁극적인 고향, 푸른 하늘입니다.

일체의 분별망상이 사라진 곳, 일체의 생각이 미칠 수 없는 곳에 신령스러운 지혜가 있습니다. 선가에서는 이를 공적영지空寂靈智라 하였습니다. 지혜란 마음의 근본이며 모든 생각이 일어나기 이전의 마음입니다. 생각과 감정의 구름 너머에 항상 우리와 함께 존재했다가 불현듯 드러나는 푸른 하늘입니다.

자신으로 돌아가는 법을 배우는 것은 자신의 경험에 책임지는 사람이 되는 큰 걸음입니다. 사람들과의 관계에서 경험하는 것 대부분이 한갓 구름일 뿐이며, 그 구름은 자신이 받아들인 주문에서 비롯되었습니다.

필자 또한 과거에는 삶의 경험에서 상처를 받으면 스스로가 희생자라는 생각에 빠지곤 했습니다. 그러나 명상을 통해 자신으로 돌아가 자기 안에서 벌어지는 일들에 흥미를 가지면서 가슴에 연결되어 습관적인 반응이 줄고, 바라보고 알아차리면서 훨씬 빨리 상처를 털어 내게 되었습니다.

본성과 연결된 높은 의식으로

마음이 열리면 한여름에 열어 놓은 창문에서 환기가 이뤄지듯 소통이 이루어집니다. 부정적 경험이건 긍정적 경험이건 모두 나에게 좋은 경험이고 나를 성장시킵니다. 마음을 닫아 버리면 성장의 기회를 놓치는 셈입니다. 마음이 열린다는 것은 에고의 작용과 에고의 개입을 중단함을 말합니다. 마음을 닫는 것은 에고의 개입으로 자기중심적으로 됨을 뜻합니다.

에고가 지어낸 의식은 낮은 의식입니다. 본성과 연결된 의식은 높은 의식입니다. 낮은 의식은 갈등을 불러일으키고 만족할 줄 모르는 갈구의 성향이 있습니다. 이것을 탐욕이라 하고 거기에 반복적으로 집착하는 것이 낮은 의식으로서 마음입니다. 기대하고 바랐지만 충족이 안 되면 불같이 화를 내는 성향이 있습니다. 이것을 '분노'라는 뿌리 깊은 성향이라 합니다. '무지'의 성향은 더욱 교묘합니다. 이러고 있음을 알지 못하고 오히려 부정하고 강력하게 외부로 투사해 버리는 성향입니다. 이 무지로 인해 나는 옳고 남은 그르다는 식의 시비, 논쟁을 일삼고 자신을 정당화·합리화하느라 에너지를 소모합니다. 자신도 속이고 남도 속이는 거짓된 삶을 살게 됩니다. 척하며 살기 시작하는 낮은 의식의 주인은 에고입니다. 상처받았다고 원망하고 응석을 부리는 유치한 마음입니다. 우리의 본향으로서 신성한 의식은 판단·평가하지 않고 비교하지 않습니다. 모든 걸 있는 그대로 받아들이는 수용의 광대함이 허공처럼 펼쳐지는 마음입니다. 자신과 가정과 사회에 모든 책임을 다하는 삶입니다. 이렇게 어디에 연결되느냐에 따라 마음은 가장 낮은 의식부터 가장 높은 의식까지 천차만별 펼쳐집니다.

앞서 살펴보았듯, 명상을 통해 고통이 스승이자 친구라는 사실을 깨닫고, 가슴을 열어도 안전하다고 느낄 만큼 충분히 구름 너머를 보게 되면 삶은 더 이상 생각의 대상이 아니라 가슴으로 경험할 대상이 됩니다.

개별적으로 존재하는 것은 없다

우주와 더불어 함께하는 우리는 삶에서 분리된 적이 없지만, 에고의 개입으로 분리감을 느끼면서 삶을 온전히 즐기지 못하고 개념으로 판단하며 안전하지 못하다고 믿습니다. 누구나 애매하게 삶을 영위하고 있습니다. 그 애매한 것에 가장 확실한 믿음을 부여하는 게 '나'라는 존재입니다. 어떤 동식물이나 사물이 에고를 부여하여 존재하나요? 개념적으로 사는 존재는 인간밖에 없습니다. 모두 자연의 일원으로 평화롭게 공존하며 살고 있습니다.

오랜 기간 형성된 인류의 집단의식은 개념으로 사실을 파악하고 기억하는 데에 길들여졌습니다. 사람들은 두려움이 낳은 내면의 중얼거림에 사로잡혀 증오, 지배, 피해의식, 폭력의 방식으로 행동하며 자신은 물론 다른 사람들의 삶까지도 파괴하고 있습니다. 이러한 내면의 갈등 상태는 외부 현실에 즉각 반영됩니다. 이 끝없는 갈등의 악순환에서 벗어날 수 있는 길은 갈등을 바라보고 갈등과 함께할 수 있는 자각입니다.

돌아보기 진정한 자신은 '갈등의 구름'이 아니라는 사실을 숙고해 봅니다. 사실 우리는 분리된 독립적 개체로서 살아갈 수 없다는 것을 숙고하고 알아차려야 합니다. 모든 삶은 서로를 지지하고 모든 것은 서로에 의존적입니다. 삶은 관계입니다. 삶은 경험 그 자체입니다.

분리감이 사라지고 연결감을 느끼다

대자연을 마주하는 순간, 그 어떤 상념도 필요 없습니다. 감정의 소통만 이루어지면 충분합니다. 분명한 것은, 인류가 대자연 속에서 성장해 왔고 우리의 뿌리는 대자연 속에 있다는 사실입니다.

외롭고 혼자라는 생각이 들면 자연을 만나 보십시오. 대지가 나를 받쳐 주고 맑은 공기가 나를 감싸 주지 않습니까? 태양은 따사로이 비춰 주고 계곡의 물은 시원함을 제공합니다. 고립무원이라는 분리감은 우리가 그렇게 붙잡고 있는 신념일 뿐입니다. 세상 가운데 나 혼자 고립되어 존재한다는 생각은 분명 잘못된 신념입니다. 새벽에 홀로 산책을 해 보십시오. 새벽에 기지개를 켜는 풀과 나무, 새들이 하나하나 깨어나며 우짖는 소리…. 멀리 동녘 하늘에 검붉은 빛이 퍼지기 시작하며 하늘이 점점 밝아옵니다. 밤하늘의 별들을 보아도 결코 외롭지 않습니다. 어느 순간 은하와 함께 흐르는 자신을 발견합니다. 사실 '나'라는 의식도 자각하지 못합니다. 그저 함께 흐릅니다.

나를 알아주는 이 없다 하며 슬퍼하지만 나를 드러내지 못하고 억압하고 고립시킨 것은 나 자신입니다. 고립감에서 벗어날 열쇠도 자신에게 있습니다. 다시 마음을 열고 부정적인 생각에서 벗어나 바다처럼 넓고 허공처럼 탁 터놓을 수 있습니다. 바람이나 구름처럼 몸과 마음을 만들면 편안하고 기분 좋은 경험을 하게 됩니다. 만나는 사람을 아무 선입견 없이 보고 그 사람도 행복하기를 빌어 주면 내 마음에 행복감이 가득 차게 됩니다. 더욱 충만한 마음으로 모든 사람과 자연, 새와 곤충, 꽃과 나무에게 자애로운 마음을 보내 주면 그들도 화답합니다. 불행하고 외롭다고 느끼는 사람은 꼭 해 보기를 권하는 명상법입니다. 이름하여 자애 명상, 행복 명상입니다.

우리가 홀로 이 땅에 와서 홀로 흙으로 돌아간다는 생각은 매우 잘못되었습니다. 이 세상에 외따로 떨어져 존재한다는 생각은 피부로 싸여 있는 이 몸을 지칭합니다. 우주의 크기로 보면 먼지보다 작은 점에 불과한 이 몸. 그러나 나는 몸만을 갖고 있지 않습니다. 수십 광년, 수백 광년 떨어진 별을 볼 수 있고 무한 허공을 볼 수 있고 느낄 수 있으니 몸의 지각 능력을 몸 안으로 제한시킬 이유가 없는 것입니다. 그뿐인가요? 상상을 펼치면 지구도 따뜻하게 안을 수 있고 온 우주도 안을 수 있는 거인이지 않은가요?

이제는 지구가 둥글고 태양을 돌고 매우 빠른 속도로 움직이고 회전한다는 게 상식이 되었습니다. 그러나 불과 몇백 년 전까지만 해도 땅은 평평하고 산과 대지는 견고하여 변하지 않는다고 믿어 왔습니다. 지구가 이 세상의 중심이고 지구를 중심으로 해가 뜨고 진다고 믿었습니다. 이렇게 우리의 신념이나 지각은 허황되고 진실과는 동떨어진 경우가 많습니다.

삶은 아름답습니다. 사랑이 있기에 그렇습니다. 건강할 때 사랑했는데 병이 있다고 사랑하지 않는다면 그건 진정한 사랑이 아닙니다. 많은 사람들이 건강하다가 병들고 불의의 사고로 장애를

갖습니다. 그럼에도 변함없는 사랑은 우리를 감동케 하지 않는가요? 일 년밖에 못 산다한들 그것이 불행이고 슬픔일 이유가 없습니다. 하루밖에 못 산다고 해서 이 삶의 아름다움을 유보할 필요는 없습니다. 맑고 화창한 날도 좋고 흐리고 바람 부는 날도 좋습니다. 개념이나 신념으로 사물을 대하지 말고 매 순간 깨어 삶을 경험하고 즐기면 됩니다. 삶을 밝게 사느냐, 어둡게 사느냐는 마음먹기에 달렸습니다. 《화엄경》은 모든 게 마음이 지어낸 바(일체유심조一切唯心造)라 하였습니다.

참나로 거듭나다

나비가 태어나려면 애벌레가 죽어야 합니다. 애벌레는 인류가 의지해 살아온 낡은 마음을 상징합니다. 참나는 마음을 새롭게 사용합니다. 나비는 삶을 파괴하지 않습니다. 자유롭게 날아다니며 꽃가루를 나르고 삶에 기여합니다. 애벌레의 삶은 에고에 갇힌 삶입니다. 에고의 껍질에서 벗어나 가슴으로 사는 삶은 마치 나비처럼 우리에게 모든 것을 넓게 볼 수 있는 시야를 제공합니다.

걷기 명상에서 한 걸음이 발을 들어 올리고 내려놓는 일련의 과정들이 모인 것임을 보았습니다. 몸도 마음도 수많은 과정들로 구성된 집합이고, 몸과 마음으로 구성된 '나'라는 것도 이름이 나이고 과정으로서 에고임을 분명히 자각하는 것이 중요합니다. 인간이 자연의 만물과 유기적으로 상호 공존한다는 자각의 부족으로 자연의 생태계를 파괴하고 환경 재앙을 일으키는 것도 에고를 주인으로 여기는 에고이즘의 발로입니다. 에고가 개체에서 만물로 연결되어 확장될 때 공동체 일원으로 우주 만물이 상호 관계하기 시작합니다. 하나하나의 그물코로서가 아닌, 그물망network으로서 작동합니다. 깨어 있는 가슴으로 살기 시작하면 매 순간 살아 있음의 환희와 모든 것의 신기함을 다시 맛보기 시작하며 세상과 다시 연결되고, 세상을 치유하는 존재가 됩니다.

인생을 사는 데는 두 가지 길이 있다. 하나는 '기적이란 없다.'라고 생각하며 사는 것이고, 다른 하나는 '모든 것이 기적'인 것처럼 여기며 사는 것이다.

—아인슈타인

어떤 사람이 여행을 가는데 커다란 홍수를 보았습니다. 이 언덕은 위험하고 두렵고 저 언덕은 안온하고 두려움이 없는데 나룻배도 없고 다리도 없었습니다. 그래서 그는 뗏목을 엮어서 뗏목에 의지하여 두 손과 두 발로 노력해서 안전하게 저 언덕으로 건너갔습니다. 다 건너간 후에도 '이 뗏목을 머리에 이거나 어깨에 메고 갈까?'라고 생각한다면 어리석은 일일 것입니다. 마찬가지로 가르침에 대해서도 집착하고 맹종하면 어리석다고 붓다는 말합니다.

종교인들이 싸우면 더 무섭지요. 우리가 우월하고 너희는 열등하다며 공격하는 모습에서는 섬뜩함마저 느껴집니다. 하지만 이는 욕망에 사로잡혀 시녀 노릇을 하고 있음을 자각하지 못한 상태입니다. 자신들은 정통이라 합리화하며 그 합리화를 자각하지 못합니다. 합리화는 은밀하게 일어나는 자아 방어 기제이기 때문입니다. 통찰하여 깨달을 때까지 문제는 해결되지 않습니다. 참사람은 두려워하지 않지만 다투지 않고 내세우지 않습니다. 자신을 존중하되 타인을 무시하지 않고, 겸손하되 자기를 비하하지 않습니다. 이렇게 마음을 집착 없이, 머무름 없이 놔두고 바라보면 점점 마음의 고요를 느끼게 되고 점점 무아의 고향에 가까워지게 됩니다. 고향에서는 나와 남을 구별하지 않고 한 가족이 되지요.

지금까지 명상을 통해 내면 탐구와 마음의 속성들, 마음의 속임수 등을 보아 왔습니다. 이제 에고에 현혹되지 않고 바라보면, 도둑이 힘을 잃는 것처럼, 에고는 점점 힘을 잃는 가운데 수승한 의식으로 살게 됩니다. 우리의 본래면목인 무한한 사랑 - 연민 - 기쁨 - 평정심으로 살아가는 게 명상의 목표입니다.

호흡을 바라보고 몸의 감각을 바라보고 생각과 감정을 바라봅니다.

호흡은 호흡일 뿐, 호흡하는 나는 없습니다.

몸의 감각은 감각일 뿐이고 호흡은 호흡일 뿐이군요.

생각은 있어도 생각하는 자는 없습니다.

몸과 마음 모두 내가 아니고 나의 것이 아닌데 나로 잘못 동일시하였음을 봅니다.

감사 연습

자아의 개입 없이 많은 일이 일어나고 있음을 보세요.

돌멩이 풀 한 포기 없이 나 홀로 존재할 수 없음을 자각하면 모든 것에 모두에게 감사를 표하게 됩니다.

부모님의 노고를 알고 그 노고를 가슴에서 느끼고 감사를 표해 봅니다.

모든 사람들의 노고에 감사합니다,

주변의 모든 것들―태양과 흙과 공기와 물 등―을 자연으로부터 받아 왔음을 보고 모든 것에 감사합니다.

모든 것과 연결되어 있음을 느껴 봅니다.

그리고 내가 그들에게 되돌려 줄 것을 계획하고 준비해 봅니다.
감사의 마음이 넘쳐서 온몸으로 도울 기회를 만들어 갑니다.
불성과 진솔하게 대화를 나눈 후 감사를 표합니다.

감사 명상

감사는 참나(불성-신성)로 가는 지름길입니다. 얼마나 감사함이 부족한가를 보는 것, 이것이 있는 그대로 보는 것입니다. 감사를 표현하는 것만으로 부족합니다. 최소한 받은 만큼이라도 되돌려 주어야겠다는 의도를 세워야 합니다. 되돌려 주면 준 사람도 받은 사람도 성장하게 됩니다. 감사를 표현해야 성장이 일어납니다. 성장은 정체되어선 안 되고 지속적으로 일어나야 합니다.

깨어남은 종착지가 아닙니다. 근원의 빛과 하나 될 때까지 여정이 지속됩니다. 근원의 빛이 답해 주고 사랑을 경험할 수 있을 때까지.

자비 명상

이 명상은 분노에 휩싸일 때나 두려움에 떨 때, 정서적으로 고통스러울 때 특히 유용합니다. 자비는 괴로움을 느낄 때마다 사랑의 마음으로 자신을 감싸 안는 데서 시작합니다. 스스로를 자비로 보듬는 것은 사랑하는 자식이 두려워하고 괴로워할 때 보살피는 사랑과 똑같습니다. 자신을 어린 자식 돌보듯이 보살피면 자연스럽게 자비심이 깨어납니다. 자비는 우리의 본성(불성)에 내재되어 있기 때문입니다. 명확하고 간절한 의도로, 그동안 잊어 온 자비의 마음에 다시 연결될 수 있습니다.

자비 명상1

편안한 자세로 눈을 감고 자연스럽게 호흡하면서 이완합니다.

자비로움으로 아픈 마음을 보살피겠다는 강력한 의도를 세웁니다.

현재 느끼고 있는 상처나 슬픔, 수치심이나 두려움에 주목합니다. 고통스러운 느낌들을 알아차리고, 몸과 마음에서 그 고통이 더 크고 강하게 표현되도록 허용합니다.

이제 자비의 기도를 전합니다.

"내가 고통에서 벗어나기를."

"내가 두려움에서 벗어나기를."

"내가 안전하기를."

"내가 평화롭기를."

보살핌의 기도를 하면서 두 손을 가슴에 올려놓고 다정한 손길로 자비를 표현합니다.

보살핌의 말들을 소리 내어 부드럽게 속삭일 수도 있습니다. 자신을 실제로 껴안거나, 어린아이의 모습인 자신을 시각화하여 안아 줄 수도 있습니다. 괴로움을 보살필 때 가슴이 어떻게 느끼는지 살펴봅니다. 열려 있거나 다정하게 느껴지는지 혹은 막혀 있거나 무감각하게 느껴지는지 ….

만약 막히고 단절되었다고 느낀다면, 어떤 판단도 하지 말고 단지 자비롭고자 하는 의도를 다시금 분명하게 하고 보살핌의 표현을 계속합니다. 자비롭고자 하는 의도가 간절하다면, 이윽고 자연스럽게 가슴이 부드러워지고 열릴 것입니다.

이제 정서적 고통의 감각과 느낌이 어떻게 변하는지를 살펴봅니다.

그 느낌들이 더 강해지는지, 서서히 누그러지는지, 다른 형태로 변하는지 ….

어떤 말이나 몸짓이 가장 도움이 되는지 적습니다. 앞으로 상처받을 때마다 이렇게 쓴 나만의 기도로 자비로운 보살핌을 반복합니다.

이 자비로운 보살핌의 표현들을 나 자신만이 아니라 주위 사람들에게도 보냅니다. 우리는 모두 연결된 한 가족이기 때문입니다. 가까운 친지부터 나와 무관한 사람들, 심지어 나에게 상처를 준, 싫고 미운 사람들에게 차례차례, 한 사람, 한 사람 분명히 떠올려 기도합니다. 자비는 차별이 없기 때문입니다. 마지막으로 지구상의 모든 사람들과 우주의 모든 존재에게까지 확장합니다.

"이 세상 모든 존재들이 고통에서 벗어나기를, 두려움이 없기를, 안전하기를, 평화롭기를!"

자비 명상2

우리는 외롭거나 두렵거나, 슬프고 비탄에 잠길 때면 무한히 자비로운 존재에게 안기고 싶어 합니다.

잠시 눈을 감고 편안하고 고요히 앉아 몇 차례 심호흡을 합니다.

가슴에 주의를 기울이고, 조건 없는 사랑에 안기려는 명확한 의도를 세웁니다.

조건 없는 사랑인 불성(신성)을 가슴에 초대합니다.

사랑과 자비로 가득 찬 존재와 우리의 깨어 있는 마음을 연결시켜 봅니다.

무한한 사랑과 자비를 연상시키는 어떤 사람을 떠올려 봅니다.

자애로운 할머니나 어머니, 스승이나 친구일 수도 있습니다.

무한히 자비로운 영적인 존재, 즉 관세음보살이나 성모 마리아일 수도 있습니다.

이 존재가 가슴 깊은 곳에서 함께하고 있음을 느껴 봅니다.

이 존재가 조건 없는 사랑과 완전한 수용으로 한없이 자애롭게 당신을 바라보는 것을 느껴 봅니다. 이 무한히 자비로운 존재가 가슴속에서 늘 나를 감싸고 있음을 느껴 봅니다.

이제, 이 자비로움을 황금색 밝은 빛으로 시각화해 봅니다.

이 자애로운 황금색 빛이 가슴과 온몸을 감싸 그 빛 속에 내가 안겨 있는 모습을 떠올립니다. 내면의 상처와 두려움, 고통과 슬픔이 이 자비로운 빛 속으로 녹아내려 빛과 하나가 됩니다.

조건 없는 사랑의 빛에 녹아들면 당신은 자비로운 존재 자체가 됩니다.

이 자애로움이 내 몸과 마음을 가득 채우고 주위로 퍼져 나갑니다. 황금색 빛이 내가 있는 공간을 가득 채우고 주위로 무한히 퍼져 나가 이 지구를 가득 채우고 점점 퍼져 나가 온 우주를 따뜻하게 채웁니다.

온 우주가 자애로운 빛으로 충만합니다.

이 무한한 조건 없는 사랑을 느낄 수 있도록 해 준 당신의 불성(신성)에 감사드리고 눈을 뜹니다.

1.

"나는 누구인가?"

이 질문에 대해 숙고한 후 나에 대해 떠오르는 대로 적어 봅니다.

2.

적은 내용 하나하나에 대해 "이것이 내 것인가?" 그리고 "이것이 나인가?"라고 질문합니다.

3.

가슴 깊이 내면의 지혜가 질문에 답하도록 허용합니다.

대답이 있나요?

다시 질문합니다.

"이것이 진정코 나인가?"

4.

침묵의 공간에 머무르며 고요함과 깨어 있음, 바라봄과 함께 합니다.

명상 중의 경험과 깨달음을 기록합니다.

눈을 감고 심호흡을 한 다음 가슴에 집중합니다. 머리로 사는 것과 가슴으로 사는 것의 차이를 경험해 봅니다.

깊이 사랑하거나 사랑했던 대상을 떠올립니다. 아이건 어른이건, 산 사람이건 죽은 사람이건 상관없습니다.

그 사람(분)이 '아니야.'라며 고개 저을 때 가슴이 어떤가요?

'그래.'라고 끄덕일 때는 가슴이 어떤가요?

그 사람(분)을 사랑하고 믿고 편안함을 느꼈을 때 가슴이 열리고, 따스해지군요.

고개를 저을 때는 가슴이 닫히고 막히고 아파 오는군요.

이제 가슴에 불성·신성(참나)을 초대하여 조건 없는 사랑을 달라 요청합니다.

온몸이, 세포 하나하나가 지극한 사랑의 빛으로 가득 참을 분명하게 시각화합니다.

명상 중의 경험과 깨달음을 기록합니다.

　잠시 눈을 감고 심호흡을 3~5회 해 봅니다. 숨을 들이쉬며 근육을 당겼다가 내쉬는 숨에 '하아!' 하고 내려놓는 소리를 크게 내면서 모든 근육을 이완합니다.

　코로 최대한 깊이 들마셨다가 더 이상 들이쉴 수 없을 때 풍선이 바람 빠지듯이 '하아' 하며 입으로 내쉽니다. 내쉬면서 온몸의 근육을 이완합니다. 한껏 들이쉬며 온몸을 긴장시키고 길게 내쉬면서 온몸의 긴장을 내려놓습니다. 특히 어깨, 목, 팔다리의 긴장을 푸십시오.

　어느 정도 몸이 이완되면 코로 들이쉬고 내쉽니다. 특히 내쉬면서 길고 느린 날숨을 느껴 봅니다. "들이쉬고 내쉬고, 깊고 느리게."라고 속삭여도 좋습니다.

　이제 잠시 온몸에 주의를 기울여, 호흡하기 전과 지금은 무엇이 달라졌는지 살펴봅니다.

명상 중의 경험과 깨달음을 기록합니다.

영화관의 커다란 스크린 앞에 앉아 있다고 상상하세요. 머릿속의 상념들을 스크린에 펼쳐 바라봅니다.

에고가 좋아하는 것과 싫어하는 것 사이에서 수많은 이야기를 하고 있음을 바라봅니다.

갖가지 재잘거림에 귀 기울이고 부드러운 관심을 표합니다.

수많은 상념을 줄이는 방법은 내면의 이야기에 빠지지 않으면서 거기에 호기심을 품는 것입니다. 내면의 이야기들을 지켜볼 수 있을 때 자기독백은 사라집니다.

그 모든 소음 아래 깊은 고요함의 공간을 느껴 보세요. 이 고요는 언제나 우리와 함께하여 왔습니다. 우리는 구름이 아니라 늘 푸른 하늘이라는 사실을 기억합니다.

명상 중의 경험과 깨달음을 기록합니다.

이 책을 읽고 나면 자신과 타인, 세상을 보는 관점이 바뀌거나 넓어져 있음을 느낄 것입니다. 학생은 학생대로, 직장인은 직장인 대로, 성직자는 성직자대로 본연의 삶에 충실하게 됩니다. 사찰이나 교회, 수도원, 명상 센터 등에서 전념 수행하고 기도하는 것도 중요하지만 내면의 공부는 언제 어디서나 자각을 통한 의식의 성장임을 공감하게 될 것입니다. 눈에 보이는 신앙이나 면벽 좌선만이 명상이 아니라 일상의 생활이 모두 명상이 될 수 있고, 언제 어디서나 명상할 수 있음을 체득하게 될 것입니다. 무엇보다 숙고 명상을 통해 자신의 삶을 있는 그대로 깊이 존중하고 사랑하게 될 것입니다. 우리의 삶이 얼마나 많은 것들에게서 도움받고 있는지 깨닫게 되고 깊은 감사가 우러나올 것입니다. 그리하여 수많은 불행과 역경에 감사하고 수많은 상처를 준 사람들에게도 깊은 연민을 느낄 수 있을 것입니다.

이 책이 나오기까지 상담 치료와 명상 치료에 참여해 체험담을 흔쾌히 들려준 모든 분에게 감사합니다. 필자 또한 2003년 집중 명상 기간에 '지금 여기'라는 현존감과 순수의식을 체험하고, 십 년 후 인도에서도 절대적 고요와 부동의 삼매를 체험했습니다. 이후 삶의 파도를 수없이 타고 넘고 있지만 그 연결감을 실감하고 있습니다.

이 책을 읽은 모든 분들이 외부에만 푸른 하늘이 있는 게 아니라 우리 모두의 내면에도 구름 한 점 없는 푸른 하늘이 존재함을 그리고 우리는 별개로 분리된 존재가 아니라 연결된 한 몸임을 자각하여 마침내 소중한 나로 살기를, 자신과 모두를 존중하고 사랑하기를 기원합니다.

2019년 초여름
심경헌에서

내 마음을 안아주는 명상 연습

ⓒ 최훈동·2019

초판 1쇄 발행 2019년 6월 30일
초판 4쇄 발행 2022년 6월 13일

지은이 최훈동
펴낸이 오세룡

편집 전태영 유지민 박성화 손미숙
기획 최은영 곽은영 김희재 진달래
디자인 지노 디자인
         고혜정 김효선 박소영
일러스트 제이(manjsw70@naver.com)
홍보·마케팅 이주하

펴낸곳 담앤북스
주소 서울특별시 종로구 새문안로3길 23 경희궁의아침 4단지 805호
전화 02)765-1250(편집부) 02)765-1251(영업부) **전송** 02)764-1251
전자우편 damnbooks@daum.net
출판등록 제300-2011-115호
ISBN 979-11-6201-176-8 (03180)

정가 15,500원

명상유도음성을 듣는 방법

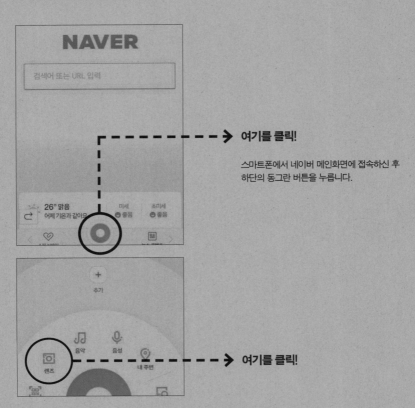

여기를 클릭!

스마트폰에서 네이버 메인화면에 접속하신 후
하단의 동그란 버튼을 누릅니다.

여기를 클릭!

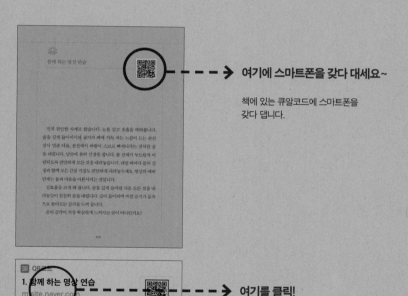

여기에 스마트폰을 갖다 대세요~

책에 있는 큐알코드에 스마트폰을
갖다 댑니다.

여기를 클릭!

상단에 하얀 미니창이 뜰 것입니다.
미니창 안을 누르면 새 창으로 이동됩니다.
거기서 〈play 버튼〉 을 누르세요.
음성이 나오기 시작합니다.